COLO-COLO
365 HISTORIAS

FABIÁN ANDRÉS VALENZUELA GALLARDO

365 Historias de Colo-Colo / Fabián Valenzuela Gallardo- 1a edición
LIBROFUTBOL.com, 2022.

204 páginas; 15,2 x 22,9 cm.

ISBN 978-987-8370-43-9
 1. Fútbol.
CDD 796.33409

365 Historias de Colo-Colo
de Fabián Valenzuela Gallardo

Cubierta: Luciano Medvetkin	Foto del autor: ©Fabián Valenzuela Gallardo Foto de portada: © Ricardo Cerda
© 2022 – Fabián Valenzuela Gallardo © 2022 – LIBROFUTBOL.com	Todos los derechos reservados

ISBN 978-987-8370-43-9	1ª edición: septiembre 2022

 ediciones@librofutbol.com

 +54 9 11 2215 1982

librofutbol

Av. Libertador 6898 - Núñez - Ciudad de Buenos Aires - Argentina

ÍNDICE

ENERO..7

FEBRERO 21

MARZO..37

ABRIL 53

MAYO 73

JUNIO..93

JULIO 107

AGOSTO 121

SEPTIEMBRE.......................................135

OCTUBRE 149

NOVIEMBRE 165

DICIEMBRE 181

FUENTES CONSULTADAS..................201

SOBRE EL AUTOR...............................203

Fuerte, Colo-Colo, fue muy bello tu camino.
Salir fuera de la patria y hacer grande tu destino.

Coro del primer himno del club, escrito por David Arellano
el 26 de marzo de 1927.

ENERO

1 DE ENERO – 1927 – AMISTOSO DESPEDIDA GIRA INTERNACIONAL

Colo-Colo enfrenta al Combinado Nacional - Gold Cross en Campos de Sport de Ñuñoa, en el amistoso de despedida antes de emprender el viaje a la Gira Internacional de 1927, que llevará al equipo a un periplo por América y Europa. El Cacique vence 4-0 con anotaciones de Horacio Muñoz y tres tantos de Carlos Schneeberger. Este duelo se convierte en el amistoso debut de Guillermo *Chato* Subiabre, figura importante del equipo, pese a su mediana estatura.

1 DE ENERO – 1967 – NACE MARCELO PABLO BARTICCIOTTO

El día de año nuevo de 1967 nace Marcelo Pablo Barticciotto Cicaré, extraordinario volante trasandino que defendió los colores de Colo-Colo como jugador, entre 1988-1993 y 1996-2002, y como director técnico en 2008-2009. La curiosidad es que los padres de Marcelo lo inscribieron como nacido el 31 de diciembre de 1966 con la idea de evitar que realizara el servicio militar a tan temprana edad. El 'siete del pueblo' o simplemente Barti es recordado por obtener la Copa Libertadores 1991, Recopa Sudamericana 1992, Copa Interamericana 1992, los títulos de Copa Chile 1989, 1990 y 1996, y los trofeos de Primera División 1989, 1990, 1991, 1996, 1997C, 1998, 2002C y 2008C (DT).

2 DE ENERO – 1927 – ZARPE DESDE VALPARAÍSO

Inicialmente el equipo de Colo-Colo zarparía el 26 de diciembre de 1926 rumbo a la gira internacional de 1927, pero prefirieron hacerlo el 2 de enero desde Valparaíso, ya que el vapor Venezuela poseía más potencia y, por ende, más rapidez para cumplir su itinerario por la costa del Pacífico. A las 13:30 horas de aquel domingo iniciaba la primera aventura internacional de un equipo chileno por América y Europa —llevando consigo un cargamento de ilusiones y de sueños—, liderados por David Arellano Moraga, capitán del equipo.

2 DE ENERO – 1994 –CAMPEÓN PRIMERA DIVISIÓN 1993

Luego de una cerrada lucha contra Cobreloa en los torneos de 1992 y 1993, el Cacique volvió a conquistar el título de Primera División del fútbol chileno tras superar a Unión Española por 3 goles a 0 en el Estadio Monumental ante 66 820 espectadores. Patricio Yáñez, Juan Castillo y Jorge Contreras establecieron el marcador definitivo en una gloriosa noche en Macul, en lo que se convertiría en el último título del DT, Mirko Jozic, al mando del primer equipo.

3 DE ENERO – 1988 – ALIANZA LIMA SE LEVANTA

La tragedia de Ventanilla, acaecida el 8 de diciembre de 1987, había marcado para siempre la historia del club peruano Alianza Lima, quien perdió la mayoría de su plantel en un fatídico accidente aéreo. Colo-Colo, tradicional rival de los peruanos en sus diversas giras al país, ofreció el préstamo, sin costo, de cuatro jugadores de sus filas para que el equipo 'íntimo' pudiese participar en el Campeonato Peruano. Los jugadores Parko Quiroz, Francisco Huerta, René Pinto y José Letelier se incorporaron a la planilla grone en uno de los gestos de hermandad más reconocidos entre chilenos y peruanos.

4 DE ENERO – 1964 – CAMPEÓN PRIMERA DIVISIÓN 1963

El Colo-Colo de 1963 fue conocido por muchos años como el equipo récord. El cuadro albo rompió la hegemonía de las universidades en el plano de los torneos nacionales con una de las delanteras más letales de toda la historia. El cuadro colocolino marcó 103 goles en la temporada, coronando como goleador a Luis Hernán Álvarez con 37 goles, convirtiéndose en el mayor goleador de un torneo largo en la historia de la máxima categoría. En el partido final de la temporada, el Cacique venció 2-1 a Universidad Católica ante 73 143 personas en el Estadio Nacional. Los goles fueron anotados por Luis Hernán Álvarez y Enrique Hormazábal.

5 DE ENERO – 2014 – INICIO DEL TORNEO CLAUSURA 2014

La palabra crisis calaba hondo en los corazones colocolinos desde el año 2010, con campañas irregulares tanto en el torneo local como internacional. El 2014 se convertía en un año especial, ya que se había asegurado la continuidad de Héctor Tapia y Miguel Riffo como jefes del área técnica del primer equipo. El primer cotejo de esta nueva etapa fue frente al Audax Italiano, ante 18 208 personas en una calurosa tarde en el Estadio Monumental. En la ocasión debutó el zaguero argentino Julio Barroso. Los goles fueron obra de Gonzalo Fierro y un emocionante tanto de Felipe Flores al minuto 90.

6 DE ENERO – 1931 – NACE ENRIQUE HORMAZÁBAL

Criado en el rigor de los años treinta, Enrique Hormazábal destacó siempre por su increíble capacidad futbolística, con talento innato de las canchas del emergente Barrio Yungay. Apodado Cuá-Cuá, ya que en su infancia era conocido como Cuarenta, surgió de la cantera del bohemio Santiago Morning, hasta convertirse en jugador de Colo-Colo en 1956. Con la camiseta del Cacique marcó 93 goles, coronándose Campeón de los torneos nacionales de 1956, 1960 y 1963, sumando la Copa Chile 1958. En la selección chilena su legado también es imborrable, destacando como el mejor jugador del Sudamericano 1955 (actual Copa América) y por varias décadas como uno de los goleadores históricos de Chile en estos torneos continentales.

7 DE ENERO – 1951 – UNA VICTORIA CRIOLLA

Luego de luchar enconadamente ante Unión Española y Everton durante gran parte del año 1950, el Cacique finalmente quedó a solo

un punto de los líderes del torneo, siendo relegado a la tercera plaza del torneo oficial. Sin embargo, el premio de consuelo para Colo-Colo fue enfrentar en la última fecha al siempre complicado Audax Italiano, con quien animaba el vibrante Clásico Criollo, ya que ambos equipos alineaban exclusivamente jugadores de nacionalidad chilena. En la cancha, un claro 4-1 sobre los itálicos ponía una sonrisa en la cara de los atribulados hinchas del Cacique. Los goles fueron marcados por Juan Aranda (2), Mario Castro y Rubén Jiménez.

8 DE ENERO – 1960 – NACE FERNANDO ASTENGO

El caso de Fernando Astengo es especial, ya que solo jugó una temporada para Colo-Colo. Esto le bastó para marcar el corazón de todos los colocolinos. Corría 1985 y el León conquistaba a los hinchas con su prominente melena, aunque defendiendo los colores de Unión Española. Al año siguiente vino el llamado del Cacique para la temporada 1986. 49 partidos oficiales bastaron para que el zaguero fuera el más destacado de su puesto en la temporada, lo que le valió no solo el título nacional 1986, sino un importante traspaso al Gremio de Porto Alegre. En 2008, volvería al primer equipo albo, esta vez como director técnico, sucesor del emblemático Claudio Borghi.

9 DE ENERO – 1987 – NACE FELIPE FLORES CHANDÍA

Proveniente desde su querido Quilicura, Felipe Flores viajaba todos los días para concretar su sueño de ser futbolista profesional en el club de sus amores: Colo-Colo. Y vaya que sí lo cumplió. Debutó en 2004, nada menos que en un clásico ante Universidad de Chile (1-0). Si bien no se destacó por ser un goleador neto, su entrega dentro de la cancha lo convirtió en un jugador muy querido por la hinchada. En el Cacique participó en la obtención de los torneos de Primera División 2006A, 2006C y 2014C.

10 DE ENERO – 1939 – NACE JORGE TORO

"Antes de un Elías Figueroa y de un Chamaco Valdés, existió un Jorge Toro", recuerdan los hinchas más antiguos. Toro se transformó en un emblemático jugador formado en las huestes de Colo-Colo.

Debutó en 1958, integrando el novel equipo que obtendría la primera Copa Chile para los albos. Participó también en el trofeo de Primera División 1960. Su sobresaliente nivel lo hizo formar parte de la gran selección chilena para el Mundial 1962, donde, a sus 23 años, se convierte en una de las figuras del equipo, que se ubica en un meritorio tercer puesto. Luego de la formidable campaña, se convierte en el primer jugador chileno en ser trasferido directamente a Italia, donde fue contratado por Sampdoria, en una operación sin precedentes para la época. Posterior a su retiro, trabajó en las divisiones inferiores albas, educando a grandes talentos del equipo.

10 DE ENERO – 1993 – EL CLÁSICO DE LAS ANTORCHAS

Colo-Colo y Universidad de Chile se enfrentaban en el Estadio Nacional por la Liguilla de Copa Libertadores 1993. La irregularidad del equipo albo en 1992 se había plasmado en el torneo nacional y ahora en la liguilla, en la que los colocolinos tenían muy pocas opciones de clasificar. En cambio, al cuadro azul le bastaba un empate para inscribirse en el máximo torneo continental, luego de doce años de ausencia. En la cancha, 72 914 personas ansiosas por el desenlace del encuentro, se comenzaban a preparar para volver a casa con el marcador en blanco. Los hinchas azules —con la clasificación prácticamente abrochada— celebraban encendiendo antorchas de papel que copaban el sector sur del coloso de Ñuñoa. Eso hasta el minuto 89, cuando Hugo Rubio, luego de una vistosa jugada de Lizardo Garrido, marcó el 1-0, desatando el júbilo de los colocolinos, que poco a poco vieron cómo las antorchas se fueron apagando a medida que se acercaba el pitazo final.

11 DE ENERO – 2003 – LA NOCHE ALBA DE BARTI Y BAM-BAM

La Noche Alba, de 2003, es recordada con mucho cariño por los hinchas de Colo-Colo. El club celebraba la obtención del Torneo Clausura 2002 en el mismísimo año de su quiebra. En la cancha las sensaciones eran encontradas, ya que Marcelo Barticciotto, ídolo del club, se despedía ante más de 60 000 asistentes que coreaban su nombre por todos los sectores del estadio. En el campo de juego también se producían más novedades, ya que el extraordinario

goleador y capitán de la selección chilena, Iván Luis Zamorano Zamora, cumplía el sueño de su padre y vestía la camiseta de Colo-Colo oficialmente para la temporada 2003. Entre los invitados al evento estaban Claudio Arbiza, Roberto Rojas, Hugo Rubio, Pedro Reyes, José Luis Sierra, Marcelo Vega, entre otros. Barticciotto y Zamorano quedaron grabados en la presentación de jugadores más importante de la primera década del siglo XXI.

12 DE ENERO – 1927 – DESEMBARCO EN GUAYAQUIL

Luego de pasos por Antofagasta, Iquique y Mollendo, el Cacique recala en Ecuador, específicamente en la ciudad de Guayaquil, llegando a la rada a las 01:30 horas de la madrugada. El cuadro colocolino es muy bien recibido por las autoridades locales, así como por el pueblo ecuatoriano, donde rápidamente comienzan a aparecer en las páginas de los periódicos locales. El Cacique agradece la gentileza de los ecuatorianos, pactando rápidamente encuentros amistosos a fin de probar el nivel de los clubes locales.

13 DE ENERO – 1992 – UNA NOCHE ALBA

Presentar a los nuevos jugadores del equipo por medio de un acto con aficionados es quizás la señal más clara de un club abierto a sus hinchas. Algo así fue lo que ideó el dirigente Jorge Vergara Núñez, quien admiraba el nivel de espectáculos que se hacían en Europa y Norteamérica. Así, se proyectó la realización de un símil de estos eventos, ahora en las instalaciones disponibles del Monumental. Así nacía la primera Noche Alba, que tuvo entre los nuevos presentados a Aníbal González, Mario Rebollo, Claudio Borghi, Pedro Arancibia y John Ahumada.

14 DE ENERO – 1927 – PRIMER PARTIDO EN EL EXTRANJERO

Imbuidos del cariño del pueblo ecuatoriano, los albos ya practican animadamente para disputar su primer duelo amistoso. Este se realiza al enfrentar al Norteamérica de Guayaquil en el American Park del Guayas. En la cancha, David Arellano (3), Carlos Schneeberger (3) y José Miguel Olguín sellan una victoria 7 a 0, que se convierte en la primera de Colo-Colo en el Ecuador y por ende la primera en el extranjero.

15 DE ENERO – 1986 – ARTURO SALAH LLEGA A MACUL

A las 19:17 horas, las oficinas de Cienfuegos 41 abren sus puertas para acoger a una gran cantidad de personas de prensa, quienes desean conocer al nuevo director técnico de Colo-Colo. El elegido por la directiva de Peter Dragicevic es el ingeniero civil químico de 36 años, Arturo Salah, quien también tiene en su haber una larga trayectoria como futbolista profesional. Los primeros meses de Salah son muy difíciles, en gran medida por los resultados negativos y principalmente por estar identificado con uno de los más enconados rivales de los albos: Universidad de Chile. Sin embargo, el equipo colocolino mantiene una regularidad, pocas veces vista antes; tras la llegada del nuevo DT, los efectos del trabajo metódico y responsable se hacen patente en la consecución de varios títulos futuros.

16 DE ENERO – 1954 – ¿COLO-COLO ENFRENTA A LA U DE CHILE?

El Colo-Colo, campeón de 1953, preparaba la nueva temporada durante el caluroso verano de 1954. El equipo albo, liderado por los hermanos Robledo, se debe enfrentar, en un amistoso internacional, al tradicional cuadro peruano del Universitario de Deportes. Sin embargo, los peruanos, que usualmente visten del color crema, se confunden con la blanca camiseta colocolina. De manera inusual, la decisión de los jueces y comisarios del partido es utilizar la camiseta de otro equipo que ya había participado de la jornada doble del día en el Estadio Nacional. Así, se llega hasta los camarines de Universidad de Chile, quienes facilitan parte de su indumentaria a los peruanos. Los albos vencen a los azules peruanos con goles de Arturo Farías, René Meléndez, Manuel Muñoz (2) y Jorge Robledo (2), quienes sellan un 6-0 aplastante a favor de los colocolinos.

17 DE ENERO – 1968 – VENCIENDO AL CAMPEÓN DEL MUNDO

El Torneo Internacional de Chile 1968 tiene un invitado de lujo: Racing Club de Avellaneda. El cuadro argentino venía de vencer al Celtic de Escocia en la final de la Copa Intercontinental, luego de tres vibrantes duelos en Glasgow, Buenos Aires y Montevideo. El palmarés del rival no inquieta al club chileno, quienes vencen por 1-0 a la Academia con solitario gol de Francisco *Chamaco* Valdés. En la cancha, el Cacique celebraba ante 70 281 espectadores, que se regocijaban de vencer al Campeón del Mundo.

18 DE ENERO – 1946 – NACE ADOLFO NEF

En medio de los piques y el ulular de los ferrocarriles de Lota, surgió el talento de Adolfo Nef Sanhueza, un espigado guardameta que hizo sus primeras armas en Lota Schwager y Universidad de Chile. Tras el alejamiento de Miguel Ángel Onzari, el director técnico colocolino, Luis Álamos, no dudó en llamar a su expupilo para formar parte del plantel para la temporada 1973, y acertó. Con presentaciones sobrias y regulares, rápidamente el Gringo se ganó el corazón de los hinchas de Colo-Colo, quedándose durante ocho temporadas. Nef consiguió los títulos de Primera División 1979 y las Copa Chile 1974 y 1980, destacando también en el vicecampeonato de Copa Libertadores 1973.

19 DE ENERO – 1955 – VALS EN EL NACIONAL

El enfrentamiento entre Colo-Colo y rivales del viejo continente se hizo bastante común en los duelos veraniegos de mediados del siglo XX. Estos duelos eran muy esperados, más aún cuando existía cierto desconocimiento de la cultura futbolística de algunos países, como el caso de Austria. Si bien el Cacique había enfrentado rivales austriacos en Montevideo, nunca se había medido ante equipos de esta nacionalidad en el Estadio Nacional. El miércoles 19 de enero de 1955, Colo-Colo enfrenta al Austria Viena en la cancha de Ñuñoa. Ante la férrea defensa rival, los albos debieron esforzarse para ganar 2-1, por medio de anotaciones de Jorge Robledo y Arturo Farías. Un autogol de Antonio Valjalo estuvo a punto de empañar la victoria.

20 DE ENERO – 1982 – LLEGA DON ELÍAS

Elías Figueroa Brander había surgido a temprana edad de la cantera de Santiago Wanderers. El indiscutido "mejor defensor chileno de todos los tiempos" tuvo una carrera importante, destacando en su paso por Peñarol de Montevideo y en Internacional de Porto Alegre. En su retorno a Chile, Palestino lo acogió, guiando al equipo árabe a un increíble título en 1978. Luego, pasó por el incipiente fútbol estadounidense y recién, en 1982, llegó el llamado desde Cienfuegos 41. Colo-Colo tenía la intención de reunir a Figueroa con un joven quilpueíno llamado Patricio Yáñez, pero la crítica situación financiera de los albos hacía imposible cualquier negociación por ambos. Rápidamente se busca la fórmula económica más simple para —al menos— poder asegurar los servicios de 'don Elías'. Los dirigentes albos realizan un acuerdo de televisación de partidos internacionales con Televisión Nacional de Chile. Ese 20 de enero de 1982, Elías Figueroa se calza la camiseta del Cacique frente a su exclub, el Internacional de Porto Alegre, en un entretenido empate sin goles en Santa Laura.

21 DE ENERO – 1970 – EL ÚLTIMO GOL DE PELÉ

En el marco de la participación en el Torneo Internacional de Chile 1970, los albos se medían ante el poderoso Santos de Brasil en el Estadio Nacional. En las tribunas 67 496 personas veían como el cuadro albo superaba por 4 goles a 3 a los brasileños. Los goles del cuadro albo fueron anotados por Víctor Zelada, Carlos Caszely, Carlos Reinoso y un gol en contra de Ramos Delgado. Los rivales estuvieron muy cerca de igualar con un autogol de Leonel Herrera, un tanto de Rildo y una anotación de penal del gran Pelé, la que se convertiría en el último gol que el astro brasileño le anotase a Colo-Colo. Por otro lado, la actuación de Carlos Reinoso, refuerzo de Audax Italiano, fue tan reconocida que, rápidamente, emisarios del América de México comenzaron las negociaciones para contratarlo.

22 DE ENERO – 1932 – LA PRIMERA GRAN INTERVENCIÓN

El doctor Ricardo Cortés Monroy había dado la gran sorpresa al ganar las elecciones de presidente en Colo-Colo el 14 de enero de

1932. Sin embargo, en la asamblea existían graves reclamos sobre el proceso eleccionario que había terminado con Monroy en la testera. El club pasaba por una situación financiera muy complicada, lo que se sumaba a acusaciones de 'profesionalismo'. El fútbol en Chile aún era amateur o *ad honorem* para efectos legales. Sin embargo, el pago de sueldos, generalmente a los mejores jugadores, era algo que todos los clubes hacían a escondidas. Esto provocaba incredulidad en los atletas, puesto que eventuales ajustes presupuestarios obligarían a Colo-Colo a desprenderse de valiosos futbolistas, por lo que varios renuncian. En una nueva asamblea, el 21 de enero de 1932, el presidente Fernando Larraín Mancheño abandona la reunión, aburrido por las protestas y dificultades para dar solución a los problemas de la institución. Rafael Silva Lastra y Carlos Haupt aquietan los ánimos y designan un comité provisional. Sin embargo, el presidente Larraín intenta recuperar parte de la documentación que aún permanece en la sede, pero se le impide el ingreso a las oficinas de calle San Antonio. Ante esto se genera una solicitud de intervención del club el 22 de enero de 1932.

23 DE ENERO – 1982 – CAMPEÓN PRIMERA DIVISIÓN 1981

Treinta fechas y una lucha sin igual ante el poderoso Cobreloa marcó el Torneo Nacional 1981. En la última fecha, los albos debían vencer a Palestino para poder obtener el esquivo trofeo número 13. Los tantos de Carlos Caszely, Lizardo Garrido y Rodrigo Santander desencadenan la celebración en el Estadio Nacional y también en todo el país. El *Chino* Caszely convierte 20 goles en el torneo oficial, convirtiéndose en el goleador de la temporada, podio que compartió con Víctor Cabrera de San Luis y Luis Marcoleta de Magallanes.

23 DE ENERO – 2002 – LA QUIEBRA

Una deuda por 53 millones de pesos con la firma, Alianza Leasing desencadena la petición de quiebra de Colo-Colo. La jueza Helga Marchant, luego de revisar los antecedentes, decreta una inusual medida sobre el club colocolino, pese a que este funcionaba como organización sin fines de lucro. En una rápida respuesta, el presidente de Colo-Colo, Peter Dragicevic, paga de su bolsillo la deuda en cuestión, pero la jueza se niega a alzar la quiebra, ya que ahora se contabiliza el total de la deuda en 22 mil millones de pesos, puesto que se incluye la deuda tributaria y otros compromisos documentados con proveedores, funcionarios y jugadores.

24 DE ENERO – 2006 – COMIENZA LA ERA BORGHI

Claudio Daniel Borghi Bidos había defendido la camiseta de Colo-Colo como jugador en 1992. Luego de su retiro, el talentoso Bichi había tomado el buzo de director técnico, logrando buenas actuaciones con el Audax Italiano, por lo que se decide encomendarle la tarea de dirigir al Colo-Colo. En el primer duelo oficial de la era Borghi, el Cacique recibía a Chivas de Guadalajara en el partido de ida por la fase previa de Copa Libertadores. En la cancha, también se producían otros debuts como el de Humberto Suazo, José Luis Jerez, Héctor Mancilla y Andrés González. Sin embargo, el equipo albo todavía estaba en rodaje y cae inapelablemente por 1-3 ante el popular equipo mexicano. Omar Bravo (2) y Ramón Morales marcaron los goles del Rebaño Sagrado, mientras tanto Matías Fernández anotó para los colocolinos.

25 DE ENERO – 1961 – DEBUTA UN CHAMACO

En diciembre de 1960, la selección de Paraguay había cumplido una desastrosa presentación en dos duelos amistosos ante la selección chilena. Cuando la invitación de Colo-Colo llegó hasta Asunción, los dirigentes de Cerro Porteño aceptaron prestos para limpiar la imagen del fútbol paraguayo. No obstante, en la cancha del Estadio Nacional los colocolinos vencían 3 a 2 a los azulgranas, con goles de Luis Hernán Álvarez, Juan Soto Mura y un joven llamado Francisco Valdés, que ese día hizo su debut con apenas 17 años de edad. El debutante era apodado Chamaco, por el gusto de sus padres por las películas mexicanas. Quien, pese a ocupar puestos de mediocampo, se transforma en un amuleto goleador, ya que, al ingresar, anota casi de inmediato. Su admiración por Enrique Hormazábal y su bautismo de gol lo posicionan inmediatamente como una de las figuras promisorias del Cacique.

25 DE ENERO – 1991 – PATRICIO YÁÑEZ LLEGA A CIENFUEGOS

La carrera de Patricio Nazario Yáñez había partido con gran notoriedad en San Luis de Quillota, lo que lo había catapultado a dar el salto —sin escalas— al fútbol europeo. Al regresar al país, Universidad de Chile lo acogió en la temporada 1990 donde, a pesar de las lesiones, derrochó su innato talento. La sorpresa llegó al año siguiente, cuando Colo-Colo decidió ficharlo tras una infructuosa renovación en el cuadro universitario. A las 17:30 horas en la sede de Cienfuegos 41, se apostaron los reporteros gráficos y periodistas buscando las razones para este cambio hacia el tradicional rival. Incluso, la situación escaló más allá cuando un dirigente de los azules se coló entre los asistentes y ofreció un cheque en blanco a Yáñez para evitar que firmaracon el Colo-Colo.

26 DE ENERO – 2018 – SUPERBICAMPEÓN

El calor de enero no impidió que más de 30 000 personas se dieran cita en el Estadio Nacional para dirimir al ganador de la Supercopa 2018, que enfrentaba a Colo-Colo, Campeón del Torneo de Transición 2017, y a Santiago Wanderers, campeón de Copa Chile 2017. En la cancha, la rivalidad entre las barras de albos y porteños producía enfrentamientos en parte de las tribunas, mientras en el campo de juego el Cacique era serio dominador de las acciones. Los goles de Óscar Opazo, Brayan Véjar y Jaime Valdés coronaron al Cacique como primer bicampeón del torneo, ya que también había conquistado la edición 2017 al superar por 4-1 a Universidad Católica.

27 DE ENERO – 1971 – CAMPEÓN PRIMERA DIVISIÓN 1970

Unión Española y Colo-Colo fuerzan la definición del Campeón Nacional 1970 hasta un partido de desempate. Albos e hispanos tienen una cita sin precedentes en el Estadio Nacional con 71 335 personas en las tribunas. El duelo se convierte en ícono de las transmisiones televisivas, ya que era uno de los primeros en ser transmitido en directo. Las anotaciones del colocolino Elson Beyruth y el hispano Carlos Pacheco definían una igualdad 1-1 finalizado el tiempo reglamentario. El alargue termina dictando la suerte del campeón cuando, a los 110 minutos de juego, Elson Beyruth marca —según cuentan los testigos— un golazo para Colo-Colo, desencadenando la euforia de los albos en todo el país. Sin embargo, el gol de Beyruth es fantasmal, ya que los televidentes solo terminan viendo una cabeza interponiéndose en el lente de la cámara, evitando la captura del momento histórico. Pese a que existen discrepancias, la mayoría de los presentes coincide en que el diputado Mario Palestro, fanático albo, sería el culpable de interponer su cabeza ante la cámara, haciendo que el maravilloso gol de Beyruth nunca fuese visto por los televidentes.

28 DE ENERO – 1987 – CAMPEÓN PRIMERA DIVISIÓN 1986

A fines de 1985, Peter Dragicevic había asumido la presidencia de Colo-Colo, y en sus primeras decisiones había contratado a Arturo Salah como director técnico. Si bien el inicio fue titubeante, el Cacique recuperó terreno lleganco hasta un partido de definición con el sorprendente Palestino, ya que ambos igualan en la cima del torneo con 48 unidades. En el Estadio Nacional, 73 967 personas fueron testigos de la hazaña colocolina al vencer por 2-0 al club árabe. Los goles son marcados por Jaime Vera y Hugo Rubio, destacando, con una gran actuación, Roberto Rojas y Hebert Revétria.

29 DE ENERO – 2006 – CHUPETE GOLEADOR

El Colo-Colo de Claudio Borghi, luego de tropezar en su debut continental, tiene que enfrentar su primer duelo en el Torneo Apertura 2006. El rival es O'Higgins, que recibe a los albos en el Estadio El Teniente de Rancagua ante 11 730 personas. Los goles colocolinos son anotados por dos debutantes: Humberto Suazo (2) y Héctor Mancilla. Chupete iniciará su temporada goleadora por excelencia, ya que solo en el torneo de la primera mitad del año marcará 19 goles.

30 DE ENERO – 1980 – UNA NUEVA INTERVENCIÓN

Miguel Balbi, presidente de Colo-Colo, había tomado la testera del club tras la salida de Luis Alberto Simián a mediados de 1979. Balbi había tenido un éxito rotundo al coronarse campeón luego de siete años, pero ahora comenzaba el proceso de conformación del plantel 1980.

Sin embargo, la crítica situación financiera, sumada a una incierta distribución de recursos, hizo que el directorio comenzará a perder rápidamente los apoyos de hinchas y jugadores. La ACF, presidida por Abel Alonso, enterada de la crítica situación, toma contacto inmediatamente con un grupo de dirigentes que pueda rescatar al club colocolino por medio de una intervención. El cuadro albo ya sabía de intervenciones, pues las había vivido en 1932, 1968 y 1976. Sin embargo, para muchos era algo nuevo. Finalmente, Alejandro Ascuí, dirigente de Unión Española, es encargado por Alonso para tomar la presidencia de Colo-Colo.

31 DE ENERO – 2006 – JALISCO NUNCA PIERDE

Luego de una derrota 1-3 en Santiago, Colo-Colo enfrenta a Chivas de Guadalajara en el Estadio Jalisco por el duelo de vuelta de Copa Libertadores 2006. El encuentro resulta una guerra de goles, donde el elenco albo incluso llega a estar igualado 3-3 con los mexicanos, aunque finalmente termina cayendo 3-5. Sin embargo, la actuación de Humberto Suazo, quien marca los tres goles colocolinos, es sobresaliente y los veedores quedan encantados con el despliegue goleador de Chupete.

FEBRERO

---

1 DE FEBRERO – 2005 – QUILMES DE LUCIANA

Colo-Colo enfrenta la fase previa de Copa Libertadores 2005 visitando a Quilmes en su Estadio Centenario. El conjunto colocolino, dirigido por Marcelo Espina, iguala sin goles ante el conjunto cervecero. Ángel Carreño se transforma en la figura del equipo chileno. Mientras que los argentinos dan la bienvenida en cancha a su reciente incorporación al hockey césped femenino: Luciana Aymar.

---

2 DE FEBRERO – 1947 – NACE SERGIO AHUMADA

La cantera vio crecer a Sergio Ahumada, quien se convirtió en un letal delantero colocolino, no sin antes brillar por Deportes La Serena, su club de formación. En el Cacique formó parte de emblemáticos planteles entre 1970 y 1974, destacando su gran campaña en la Copa Libertadores 1973, donde Colo-Colo consiguió el vicecampeonato. Los títulos de Primera División 1970 y 1972 fueron el premio para el esfuerzo del Negro, que se consolidó como gran goleador en el Cacique.

---

2 DE FEBRERO – 1968 – EL DUELO DE O REI

Pelé, una vez más, acompaña al Santos de Brasil para enfrentar a Colo-Colo en un amistoso de verano en el Estadio Nacional. Sin embargo, el partido tiene un serio inconveniente, ya que fallece el

dirigente brasileño Nicolau Moran, que era muy importante para todos los miembros del plantel del Peixe. Pese a esto, varios jugadores, incluido Pelé, deciden jugar el partido a modo de homenaje, venciendo 4-1 al conjunto colocolino, quien solo pudo descontar a través de Óscar Clariá.

2 DE FEBRERO – 2002 – LA CLAVE DE RAMIRO

Mauricio Hernández Norambuena, conocido como el Comandante Ramiro, es un reconocido militante de ultraizquierda chilena, miembro del Frente Patriótico Manuel Rodríguez. Luego de escapar de la cárcel de Alta Seguridad en 1996. El paradero de Norambuena era desconocido, hasta que es detenido en Brasil. Sobre él pesa una acusación de secuestro al empresario Washington Olivetto. El computador personal de Ramiro fue municiado, pero no se podía acceder a él, ya que la clave de acceso se volvía indescifrable. Finalmente, un agente pensó en el equipo de fútbol más popular de Chile. Escribió 'colocolo' y accedió al equipo, en él encontraron toda la información de las acciones de Hernández Norambuena. En 2013, el popular sitio argentino Taringa sufrió un *hackeo* de su base de datos de contraseñas. Una de las claves más encontradas fue 'colocolo'.

3 DE FEBRERO – 1912 – NACE ENRIQUE SORREL

La historia de Enrique Sorrel comienza en su natal Linares, desde donde llega a Santiago para formar parte de Audax Italiano, y luego de Colo-Colo entre las temporadas 1934 y 1945, coronándose campeón con el Cacique en los torneos nacionales 1937, 1939, 1941 y 1944. Además, fue técnico albo, obteniendo el título de 1947. Sorrel también era conocido por usar una gorra para protegerse del impacto del balón en la cabeza y, a la vez, para darle mayor velocidad a los disparos. Tal era la popularidad de Sorrel que el cómic Barrabases lo toma como inspiración en la creación del personaje Torito.

4 DE FEBRERO – 1969 – CAMPEÓN INTERNACIONAL

Mientras las celebraciones del título de Santiago Wanderers aún estaban frescas en el ambiente, el Colo-Colo buscaba la manera de mejorar la opaca imagen que había dejado tras haber tenido que disputar solo el Torneo Promocional 1968. El plantel de Colo-Colo es incorporado al Torneo Internacional de Chile 1969 para la nueva temporada, finalizando la competencia de forma invicta. En la final, el cuadro albo vence 1-0 a Universidad de Chile con gol de Osvaldo *Pata Bendita* Castro, quien era refuerzo venido desde Deportes Concepción.

5 DE FEBRERO – 1953 – NACE GUSTAVO BENÍTEZ

Si bien la carrera de Gustavo Benítez como futbolista fue muy exitosa, los hinchas de Colo-Colo no lo conocían en su faceta de director técnico. Al llegar al club lo hizo casi como un desconocido, pero Benítez era criado en la exitosa vieja escuela del fútbol paraguayo. Durante su paso por Colo-Colo, que se extiende entre 1995-1998 y 2013, Benítez transformó al Cacique en un equipo muy fuerte defensivamente con delanteros punzantes. Ese estilo convirtió al Cacique en campeón de los torneos de Primera División 1996, 1997C y 1998, y también consignar la obtención Copa Chile 1996.

6 DE FEBRERO – 1991 – RACIMO DE UVA

La ciudad de Mendoza, en Argentina, fue elegida como la primera parada de preparación para la temporada 1991. Colo-Colo es invitado a participar de la Copa Racimo de Uva que lo enfrenta en primera instancia con Independiente de Rivadavia en el Estadio Malvinas Argentinas. El cuadro colocolino supera 2-1 a los mendocinos con goles anotados por Marcelo Barticciotto y Ricardo Dabrowski, mientras tanto el gol de los azules es marcado por Alberto Cepeda.

7 DE FEBRERO – 1999 – CLÁSICO A LOS GOLPES

Durante el verano de 1999 se realizó el torneo amistoso Copa Ciudad de Santiago, donde estuvieron como invitados FC Lausanne-Sport, FC Colonia, Universidad de Chile y Colo-Colo. Luego de igualar 1-1 con el FC Colonia, los albos debían medirse, ante Universidad de Chile en el duelo más atractivo del cuadrangular. El duelo resultó bastante provechoso para el Cacique, ya que vence 5-2

a su archirrival con una contundente muestra de fútbol. Los goles de Colo-Colo son marcados por Manuel Neira (3), Marcelo Espina y Cristián Montecinos. Sin embargo, pese a la goleada colocolina, la polémica se vuelve a originar a raíz de hechos de violencia. En primer lugar, Luis Musrri le aplica un golpe de puño a Cristián Uribe, lo que desencadena una bataola en la que participan activamente Ricardo Rojas y Mario Villaseca. Al cabo de unos minutos ambos terminan detenidos, ya que se les aplicó la Ley de Violencia a los Estadios.

8 DE FEBRERO – 1968 – LA INTERVENCIÓN

La presidencia de Guillermo Herrera genera sentimientos encontrados en los colocolinos, que ven como el club —poco a poco— se comienza a deshacer de sus elementos más tradicionales para poder seguir cubriendo los gastos de la plantilla. Sin embargo, la contratación de un grupo de refuerzos argentinos para el torneo internacional desencadena la ruptura definitiva de la dirigencia con varios elementos del plantel. La ACF no está indiferente a la crisis que se vive en el club colocolino, y determina una nueva intervención al club, solicitada por el propio Colo-Colo. Algunos jugadores, representados por Mario Moreno y Hugo Lepe, no están de acuerdo con esta segunda intervención, ya que su idea era un ampliado de socios que decidiera el futuro de la institución.

9 DE FEBRERO – 2003 – EL DEBUT DE ZAMORANO

El título del Clausura 2002 significó un impulso importante para Colo-Colo, puesto que, estando en una precaria situación financiera e institucional, se las arregló para conseguir un nuevo trofeo de Primera División. Para el 2003, la llegada de Iván Zamorano y el retiro de Marcelo Barticciotto habían desencadenado una nueva corriente de optimismo en la hinchada. En la primera fecha del torneo, el rival era el Audax Italiano dirigido por Claudio Borghi, un viejo conocido de las huestes albas. Iván Zamorano alinea por primera vez en el Cacique por torneos oficiales, registrando un sorprendente doblete sobre los itálicos. El resto de los tantos colocolinos fueron marcados por Gonzalo Fierro y un triplete de Luis Ignacio Quinteros. Los floridanos estuvieron cerca de quedarse con el marcador, sobre todo por el gran rendimiento de Salvador Cabañas, quien le marca cuatro goles a los colocolinos en Macul. Una victoria 6-4 de la que pocos se olvidan.

10 DE FEBRERO – 1952 – PRIMEROS ABRAZOS ANTE BOCA

Colo-Colo enfrenta por sexta vez en la historia a Boca Juniors. En ninguna de las ocasiones anteriores había podido vencer a los xeneises, llevando un registro negativo en contra. Luego de caer 0-2 días antes con el mismo rival, en la revancha el Cacique pasó por encima del cuadro argentino, venciendo por 4 goles a 1. La cuenta la abrió Marcos Busico para los boquenses, mientras que Julio Vial, Mario Castro y Andrés Prieto (2) se hicieron presentes en el marcador para el Cacique, venciendo la resistencia de un portero conocido en nuestro país; el excolocolino, Obdulio Diano. Natalio Pescia, fue la figura de los argentinos, mientras que los refuerzos albos René Meléndez y *Chuleta* Prieto, brillaron ante los asistentes al Estadio Nacional.

10 DE FEBRERO – 1967 – EL JOVEN CASSELLI

En pleno desarrollo del Torneo Internacional de 1967, Colo-Colo se medía ante la Universidad Católica en el Estadio Nacional ante 65 803 personas, que ese día también estaban atraídos por el Santos de Pelé midiéndose ante el Vasas de Hungría. El cuadro albo supera por 3-2 a los cruzados, con goles de Jaime Bravo (2) y Mario Moreno. Los universitarios anotan por medio de Víctor Adriazola y Alberto Fouillioux. Estos torneos amistosos también sirven habitualmente para probar nuevas fórmulas y, de esa manera, Pablo Astudillo es reemplazado por un joven de 15 años, que la prensa especializada presenta simplemente como Casselli. Lo cierto es que los reporteros confunden el apellido del debutante con un supuesto origen italiano que el mismo Carlos Caszely desconoce, si bien la procedencia tampoco está clara, ya que se estima que sería húngaro, procedente de la derivación verbal de "Kösely".

11 DE FEBRERO – 1948 – DEBUT SUDAMERICANO DE CAMPEONES

La idea del presidente de Colo-Colo, Robinson Álvarez Marín, y de varios dirigentes albos era reunir a todos los campeones de Latinoamérica en un solo torneo, por lo que idean el Campeonato Sudamericano de clubes Campeones. Este certamen tendría su repercusión histórica en la creación de Copa Libertadores años después. El debut de los albos se realiza con el equipo ecuatoriano de Emelec, donde, luego de un arduo cotejo, ambos terminan igualados 2-2. Carlos Varela y Juan Aranda anotan los dos goles colocolinos, aunque otras publicaciones indican que Juan Aranda marcó los dos tantos. Para los ecuatorianos anotan José María Jiménez y Carlos Yepes, aunque este último también es informado como gol de Marino Alcívar.

11 DE FEBRERO – 1990 – CAMPEÓN PRIMERA DIVISIÓN 1989

El Estadio Monumental se había reinaugurado hacía solo cuatro meses, por lo que estaba vigente el sueño de campeonar por primera vez en casa, ya que, en la inauguración de 1975, el resultado deportivo del equipo fue desastroso. Ahora bien, las tribunas repletas del Pedrero recibían a Colo-Colo buscando dar el golpe frente al siempre complicado Cobresal, que por esos días presentaban un potente equipo con nombres como Rubén Martínez, Ronald Fuentes, Franklin Lobos, entre otros. Por lo que no sorprendió que el cuadro rival abriera la cuenta a los 20 minutos por medio de Rubén Martínez. Los colocolinos batallaron para conseguir el empate cuando, al minuto 45, Sergio Díaz logró vencer la férrea resistencia de Julio Acuña, portero de los mineros. Este empate le aseguraba obtener el torneo luego de 13 fechas invictas, logrando superar a Universidad Católica, su más cercano perseguidor, y —por ende— consiguiendo su estrella número 16. "La primera vuelta en casa" titulaban los diarios de la época.

12 DE FEBRERO – 1927 – MÉXICO LINDO Y QUERIDO

Colo-Colo arribó al puerto de Veracruz el 9 de febrero, para luego desplazarse a Ciudad de México y recorrer los destinos turísticos de la ciudad por dos días. La visita del club chileno había sido publicitada abiertamente por la prensa mexicana, por lo que no extrañó que el estadio estuviese al tope de su capacidad el día en que los albos debutaron frente al Necaxa. Para efectos protocolares, el capitán David Arellano Moraga obsequió una ofrenda floral a su par mexicano, desatando una ovación de los asistentes. En la cancha, los colocolinos se imponen 3-0 sobre el Necaxa con goles de Carlos Schneeberger, Horacio Muñoz y Ernesto Chaparro. El encuentro, pese al positivo resultado, no fue de trámite fácil, ya que hubo dos penales en contra, los cuales fueron contenidos por el portero Roberto Cortés. Además, se sumaron las lesiones y molestias físicas que presentaron Óscar González y Víctor Morales.

13 DE FEBRERO – 1959 – NACE LUIS HORMAZÁBAL

Nacido y criado en su querido Cerro Navia, Luis Hormazábal Gavilán conoció a temprana edad lo fuerte del trabajo, dejando sus estudios a temprana edad para llevar el sustento a su hogar. En su infancia y juventud fue 'periodista' o, mejor dicho, un hábil vendedor de diarios. En los pasillos y galerías del Estadio Nacional, rebuscándose el poco dinero que podía llevar a su hogar, también vendió refrescos, medialunas, sándwiches y helados a los asistentes. De esto último proviene su histórico apodo: Chupete, tal como comercializan los vendedores chilenos el chupete-helado. Sus grandes condiciones futbolísticas rápidamente lo hicieron formar parte de la cantera y luego del primer equipo de Colo-Colo, donde consigue los títulos de Primera División 1979, 1981, 1983 y 1986, y Copa Chile 1981, 1982, 1985 y 1988.

14 DE FEBRERO – 1924 – NACE HUGO TASSARA

Iquiqueño de nacimiento, Hugo Tassara Olivares se transformó en unos de los entrenadores más relevantes de la escena nacional, no solo por resultados, sino por la compleja metodología técnica utilizada, que lo llevo también a plasmar sus conocimientos en varias obras literarias y en las comunicaciones, donde destacó inclusive en el relato y comentarios. Con solo 33 años de edad se hizo cargo del primer equipo de Colo-Colo entre 1957 y 1958, donde obtuvo la Copa Chile. En 1963 regresó al club para coronar el exitoso proceso del

goleador equipo campeón, con la increíble cantidad de 103 goles. Esto le permitió quedarse por tres temporadas a cargo del equipo albo, siempre en puestos de vanguardia, pese al creciente dominio de los equipos universitarios.

15 DE FEBRERO – 1960 – NACE ALFONSO NECULÑIR

Un futbolista colocolino con apellido mapuche era algo que nunca se había dado, al menos no en el primer equipo. Esto le permitió a Alfonso Neculñir ser fiel figura del sentimiento araucano que siempre acompaña a Colo-Colo a todos sus partidos. Con un estado físico siempre a alto nivel y una prestancia defensiva pocas veces vistas, logró debutar en el primer equipo en 1980, formando parte de emblemáticos planteles del Cacique. Siempre el recuerdo de Neculñir viene asociado a su sofisticado calzado deportivo, donde se cree fue el primer chileno en vestir zapatos de color blanco en un partido de fútbol chileno, lo que le valió más de alguna reprimenda de sus técnicos. Necu obtuvo, con los colocolinos, los torneos de Primera División 1981, 1983, 1986 y 1989, y la Copa Chile 1981, 1982, 1985, 1988 y 1989.

16 DE FEBRERO – 1991 – SE HACE LA LUZ

La reapertura del Estadio Monumental en 1989 había dejado varios proyectos y adelantos pendientes en lo que respectaba a las comodidades de un estadio, que se esperaba fuese de categoría mundial. Esos pendientes incluían también la instalación de luz artificial en el recinto, evitando llevar duelos internacionales a campos de juego como el Estadio Nacional. El recuerdo de la eliminación ante Vasco da Gama, que se terminó de jugar en la cancha de Ñuñoa, volvía patente la necesidad de contar con un campo iluminado propio. Luego de una veloz construcción y levantamiento de las torres, los potentes focos Phillips destallan sus lúmenes sobre la cancha David Arellano y los 61 946 asistentes. En el campo, el Racing Club de Roberto Perfumo espera por los albos, a fin de inaugurar los nuevos avances de la cancha de Pedrero. Ricardo Mariano Dabrowski marca el definitivo 1-0 en favor de los albos en la destacada jornada inaugural.

17 DE FEBRERO – 1996 – EL ARCO DE PEDRO REYES

Colo-Colo visitaba el antiguo Estadio Playa Ancha para medirse ante Santiago Wanderers en una de las series programadas para el inicio del torneo de Copa Chile 1996. El cuadro albo estrenaría oficialmente las figuras para la temporada tras las irregulares actuaciones de 1994 y 1995. El tranco de Colo-Colo es arrollador y vence por 6 goles a 1 a los porteños. Los goles son anotados por Juan Carlos González, Fernando Vergara (2), Marcelo Barticciotto, José Luis Sierra y Héctor Tapia. La incidencia llamativa del evento fue que, a los 89 minutos de juego, el arquero colocolino, Marcelo Ramírez, fue expulsado del campo de juego. Sin embargo, el Cacique no tiene cambios y el defensor Pedro Reyes aprovecha la ocasión para colocarse bajo los tres palos. Y no será la única vez.

17 DE FEBRERO – 2021 – AL BORDE DEL ABISMO

Colo-Colo debe volver a disputar la temporada 2020, luego de la interrupción del Torneo Nacional 2019 a causa de la revuelta social. Esta vez la competencia está marcada por la pandemia de coronavirus. Pese a las restricciones sanitarias, el torneo se desarrolla, aunque no sin contratiempos. No obstante, el Cacique presenta su peor versión en la historia de la liga local. Los albos rematan antepenúltimos y deben disputar la definición por el descenso ante Universidad de Concepción. El cotejo se disputa en el neutral Estadio Fiscal de Talca. Este es el duelo trascendental por dirimir el odiado descenso, que para los colocolinos nunca había estado a solo 90 minutos de concretarse. En la cancha talquina, los albos vencen por 1-0 a los penquistas con solitaria anotación del argentino Pablo Solari, de solo 19 años.

18 DE FEBRERO – 1998 – UN CLÁSICO LARGO

La Copa Chile de 1998 volvió a emparejar a Colo-Colo y Universidad de Chile en la fase de grupos del torneo. El Cacique debió recibir a los azules en el Estadio Monumental el 18 de febrero de 1998, en uno de los momentos más álgidos de la violencia de las hinchadas. En la cancha, el encuentro, medianamente tranquilo, se vio interrumpido a los 32 minutos de juego cuando el juez, Eduardo Gamboa, decidió suspenderlo a raíz de los serios incidentes ocurridos

en el sector visitantes, quienes destruyeron tablones y quemaron papel picado. Increíblemente, la decisión fue continuar el encuentro el 27 de febrero de 1998, esta vez con arbitraje de Lorenzo Acuña. El duelo volvería a ser friccionado, con dos expulsados por equipo, incluyendo al portero Claudio Arbiza, que obligó nuevamente a Pedro Reyes a ponerse los guantes y defender la portería por más de 10 minutos. Afortunadamente, un gol de Fernando Vergara sentenció el triunfo por 1-0 por parte de Colo-Colo.

19 DE FEBRERO – 1958 – LA ACADEMIA TROPIEZA EN CHILE

Racing Club había rematado en el tercer puesto del torneo de Primera División de Argentina en 1957 tras los planteles de River Plate y San Lorenzo. Por eso, no fue sorprendente que los albos enfrentaran a la Academia en duelos amistosos durante el verano de 1958, antes del inicio de la competencia oficial, de modo de probar el poderío de ambas escuadras, que tendrían desafíos importantes durante la temporada. El Cacique se impuso por 3 goles a 1 con goles de Mario Moreno y Juan Soto Mura (2), quienes vulneraron la resistencia del famoso golero Osvaldo Negri. En cambio, los albicelestes, a través de Juan José Pizzuti, solo pudieron descontar hasta bien entrado el partido, haciendo estériles los esfuerzos de Pedro Dellacha, Orestes Corbatta y Raúl Óscar Belén, figuras del elenco argentino. Racing Club terminaría coronándose campeón de aquella temporada en Argentina, mientras que Colo-Colo remataría a solo un punto del campeón Santiago Wanderers.

20 DE FEBRERO – 1927 – COLO-COLO LE VA AL NECAXA

Colo-Colo juega su tercer partido en tierras mexicanas por la Gira Internacional de 1927. Esta vez, los albos enfrentan al América en Ciudad de México; sin embargo, los clubes presentan una indumentaria muy similar, por lo que los jueces le sugieren a los colocolinos cambiar su camiseta y usar otra que se distinga de los locales. En Chile aún no se estilaba usar indumentarias alternativas, por lo que el cuadro albo decide pedir prestadas las de su primer rival en tierras aztecas: Necaxa. El duelo finaliza con un contundente 6-1 a favor de los colocolinos, con goles de David Arellano (3), Guillermo Subiabre (2) y Humberto Moreno.

20 DE FEBRERO – 1991 – LA RUTA DE LA GLORIA

En el Estadio Municipal de Concepción comienza la Copa Libertadores 1991 para Colo-Colo. En el reducto de Avenida Collao, ante 33 757 personas, el Cacique sale a enfrentar a Deportes Concepción. Los penquistas habían cumplido una gran campaña en 1990, convirtiéndose en animadores del torneo. En la cancha, lilas y albos igualan sin goles en un duelo muy parejo que solo se quiebra, a los 86 minutos de juego, por un penal a favor de Colo-Colo, que desperdicia Jaime Pizarro frente a Nicolás Villamil, quien incluso amaga con tapar el penal de espaldas. Ricardo Dabrowski fue expulsado a los 75 minutos, marcando una baja importante para la delantera colocolina. Las críticas son bastante positivas para los debutantes Gabriel Mendoza y Patricio Yáñez, quienes se convertirán en figuras rutilantes del plantel.

21 DE FEBRERO – 1948 – PRIMER TRIUNFO SUDAMERICANO

Litoral de Bolivia fue el segundo escollo de Colo-Colo en su participación en el Campeonato Sudamericano de Clubes Campeones organizado por los albos. El rival presentó sus credenciales frente al equipo colocolino, que a pesar de algunas complicaciones pudo llevarse el triunfo por 4 goles a 2. Los tantos del Cacique fueron convertidos por Pedro Hugo López (3) y un autogol de José Bustamante. Mientras que los bolivianos descontaron mediante las anotaciones de Roberto Capparelli (2).

22 DE FEBRERO – 2007 – UNA INJUSTA DERROTA

Al Estadio Monumental habían asistido aquella noche 41 581 espectadores para ver el enfrentamiento entre Colo-Colo y River Plate por la Copa Libertadores 2007. Los albos llegaban cargando resultados irregulares. En la cancha, el Cacique cayó 1-2 ante los argentinos, con goles de Humberto Suazo para los albos, y anotaciones de Leonardo Ponzio y Ernesto Farías para los millonarios. Sin embargo, los albos reclamaron ante la injusticia de la validación de gol de Ponzio, ya que el árbitro paraguayo, Carlos Torres, no había autorizado el juego de un tiro libre de Rubens Sambueza que precedió la jugada.

Incluso, momentos antes, le había señalado a Giovanni Hernández que esperaran el pitazo. El encuentro, friccionado a ratos, termina con Luis Mena y Radamel Falcao García expulsados. Al finalizar el encuentro, el árbitro Torres pidió disculpas asumiendo una sanción por parte de la Conmebol dado su evidente error.

23 DE FEBRERO – 1991 – UNA SELECCIÓN EN MACUL

El Estadio Monumental —en los primeros meses de 1991— lucía orgulloso su nuevo sistema de iluminación, que permitía ahora la realización de amistosos y encuentros internacionales de todo tipo. Se produce también la primera actuación de un seleccionado nacional adulto en la cancha de Pedrero cuando Colo-Colo recibe a la selección de Hungría por el cuadrangular Copa 450 años de Santiago. El duelo termina 1-1 con goles de Marcelo Barticciotto a los 15 minutos de juego y el húngaro Pál Fischer a los 35. Este encuentro, al que asisten 17 815 personas, cuenta también con la presencia de varios invitados, entre los que destaca el senador Jaime Guzmán, quien sería asesinado semanas más tarde.

24 DE FEBRERO – 1967 – EL PRIMER CLÁSICO DE CASZELY

Una vez más, Carlos Humberto Caszely le ganaba a la adversidad siendo citado nuevamente, con solo con 16 años, para el duelo entre Colo-Colo y Universidad de Chile, pactado por el Torneo Internacional de Chile. Esta vez, nuevamente Caszely ingresó por Pablo Astudillo, mientras que las ovaciones llegaron hasta Walter Jiménez, extraordinario volante trasandino que vivía sus últimas jornadas como colocolino antes de su arribo a Audax Italiano. Los goles del Cacique fueron marcados por Jaime Bravo y Víctor Zelada (2), en tanto que los azules anotaron por medio de Pedro Araya, Jaime Ramírez y Carlos Campos.

25 DE FEBRERO – 1903 – NACE GUILLERMO SUBIABRE

Con menos de 1,60 metros de estatura, Guillermo Subiabre quedó marcado para siempre con el apodo de Chato. Sin embargo, su baja estatura ayudaba a su habilidad y manejo del balón, por lo que rápidamente se ganó un nombre en Osorno y Río Negro, donde dio sus primeros pasos en el deporte. Al llegar a la zona centro desarrolló aún más su carrera y se le abrieron las puertas de la poderosa Liga de Valparaíso. Sin embargo, su vínculo con Colo-Colo había tenido acercamientos en 1925, por lo que no fue extraño que al volver se convirtiera en uno de los máximos anotadores de la era amateur del club, conformando parte del equipo de la Gira Internacional de 1927 y en los títulos de la incipiente liga amateur santiaguina en 1928, 1929 y 1930. Fue figura descollante en la delantera del combinado chileno que participó en el Sudamericano de Chile en 1926, Juegos Olímpicos de Ámsterdam en 1928 y Copa Mundial de Uruguay 1930. Fue principal activista en la creación de la fundación de Viejos *Cracks* de Colo-Colo y el Mausoleo de la institución. Asimismo, fue nombrado Jugador Honorario Vitalicio en 1934.

25 DE FEBRERO – 1981 – EL COSMOS DE CHINAGLIA

New York Cosmos, el club estadounidense más famoso del siglo XX, llegó a Chile para enfrentar a Colo-Colo en el Estadio Nacional. El equipo norteamericano, capitaneado por el italiano Giorgio Chinaglia, tenía un plantel de figuras como Carlos Alberto, Wim Risjberger, Julio Romero, Hernán Borja, Roberto Cabañas, entre otros. Luego de un partido con un trámite bastante parejo, fue finalmente Luis Miranda quien marcó, a los 79 minutos, el único tanto con el que Colo-Colo venció a los neoyorquinos.

25 DE FEBRERO – 2006 – ESPANTACHUNCHO

Colo-Colo enfrenta a Palestino en el Estadio Santa Laura. Un atractivo partido por el Torneo de Apertura 2006, jugado con mucho público en las tribunas del recinto de Plaza Chacabuco. El equipo albo venía golpeado por una temprana eliminación en Copa Libertadores, lo que había obligado a Claudio Borghi a solicitar refuerzos para afrontar los desafíos del Cacique para la temporada, de modo que este partido sería el debut de Rodrigo Meléndez, quien acompañaría a Arturo Sanhueza en el puesto de volante defensivo. En la cancha, los albos son muy superiores al equipo de la colonia árabe, venciéndolo por 4 goles a 1. Los goles corren por cuenta de Matías Fernández, Jorge Valdivia (2) y un golazo de taco de Humberto Suazo con el

que sellan el marcador. Para el recuerdo queda una gran jugada de Valdivia —antes de su gol—, en donde amaga un disparo al arco, siendo bautizada como Espantachuncho.

26 DE FEBRERO – 2003 – EN CASA FRENTE AL CAMPEÓN

La Copa Libertadores 2003 tenía de vuelta a Colo-Colo en el famoso certamen continental luego de cuatro años de ausencia. El Cacique comparte grupo con Barcelona de Guayaquil, Boca Juniors e Independiente de Medellín. En el segundo duelo del grupo, Colo-Colo recibía a los xeneises. La sorpresa, además de una camiseta de llamativo diseño, es la inclusión, desde el primer minuto, de Iván Zamorano en su primer partido de titular en Copa Libertadores, siendo también su primer partido en Chile por el torneo continental. Pese al tanto de penal de Marcelo Espina a los 77 minutos de juego, los xeneises se impusieron 2-1 con dos goles de Alfredo Moreno. Llamó la atención el delicado estado de salud de Rolando Schiavi, defensor argentino, quien debió ser operado de apendicitis tras el encuentro.

27 DE FEBRERO – 2010 – TERREMOTO

El sábado 27 de febrero de 2010, un terremoto de 8,8 en la escala de Richter, con epicentro en la Región del Biobío, azoló gran parte de Chile. Ese mismo día, Colo-Colo debía recibir a Everton en el Estadio Monumental en un nuevo duelo del Torneo Nacional. Sin embargo, el Cacique solicitó la suspensión del duelo a raíz de que el 24 de febrero había enfrentado a Cruzeiro en Belo Horizonte, por lo que el itinerario de vuelo no daría tiempo suficiente de descanso al equipo, de forma que el duelo se postergó. De todas maneras, el torneo de Primera División también se suspendió por unas semanas a causa del gran sismo, ya que la mayoría de los estadios sufrió daños por el evento. Afortunadamente, el Estadio Monumental no sufrió mayores daños, ya que solo posee una estructura en altura, correspondiente a tribuna Rapa Nui.

28 DE FEBRERO – 1964 – PELÉ OTRA VEZ

Colo-Colo enfrenta al Santos de Brasil por sexta vez en el Estadio Nacional. El cuadro brasileño se presenta nuevamente con Pelé a la cabeza, asistiendo 66 839 personas a la gran reunión. El Cacique solicita como refuerzo al delantero de Deportes La Serena, Carlos Verdejo, con el objetivo de enfrentar a los rivales con lo mejor del torneo local. El Cacique se adelanta rápidamente con dos goles de Francisco Valdés a los 4 y 10 minutos de juego. El Peixe logra igualar con anotaciones de Pepe y Toninho Guerreiro a los 51 y 66 minutos respectivamente. Cuando todos firmaban el empate, el refuerzo, Carlos Verdejo, anota el gol del triunfo para los colocolinos a los 88 minutos de partido, decretando así el definitivo 3-2 a favor de Colo-Colo.

29 DE FEBRERO – 1992 – UN EMPATE DE LUCA

La temporada 1991 fue notable para el Cacique, consiguiendo el Torneo Nacional y la Copa Libertadores. De esa forma, Colo-Colo se transforma en el equipo a vencer por todos los clubes. El primer gran rival de la primera parte del año será Universidad de Chile, quienes son el primer escollo de la Copa Chile. No fue sorpresa que los azules, que habían peleado el descenso en la temporada anterior, se esforzaran de sobremanera para enfrentar a los albos. El partido, jugado en el Estadio Nacional ante 64 973 personas, había iniciado bien con un gol de Jaime Pizarro a los diez minutos, pero luego se complicó con tantos de Eduardo Gino Cofré, Mariano Puyol y Cristian Mora. Los dirigidos de Mirko Jozic lograron descontar por medio de Aníbal González. Mientras los enfervorizados hinchas de la U celebraban el inminente triunfo, vino el tanto del empate a los 86 minutos de juego por medio del delantero argentino Carlos Gustavo de Luca, que desató la euforia en las tribunas, donde incluso el presidente del club, Eduardo Menichetti, celebraba exaltado la anotación del Goleador de Malvinas. De Luca será un caso bastante singular durante la temporada, ya que se vence su préstamo con O'Higgins para el inicio del torneo de Primera División 1992. Sin embargo, la tardanza en la programación de Copa Chile, lo obligó a defender dos camisetas al mismo tiempo, ya que siguió participando con Colo-Colo en la Copa Chile.

MARZO

---

1 DE MARZO – 1973 – SE PASÓ, SE PASÓ

Colo-Colo había reforzado su equipo campeón de 1972 con varios jugadores para la plantilla, de manera de poder hacer un buen papel en el torneo continental. El inicio de la Copa Libertadores 1973 parte en el Estadio Nacional enfrentando a Unión Española, subcampeón del torneo chileno, contra el Colo-Colo. En la cancha, los goles de Francisco Valdés (2), Carlos Caszely (2) y Alfonso Lara entusiasman a los 69 682 hinchas que repletan las tribunas y que, tras uno de los goles de Caszely, corean por primera vez un grito tradicional en la copa de ese año: *¡Se pasó, se pasó!*. El encuentro marca el debut de Adolfo Nef en la portería del Cacique, reemplazando en el puesto a Miguel Ángel Onzari, quien vuelve a Argentina.

---

2 DE MARZO – 1964 – NACE JAIME PIZARRO

Cuando Jaime Pizarro Herrera llegó a Colo-Colo en 1977 para unirse a la segunda infantil, siempre demostró condiciones, transformándose rápidamente en cara visible de su categoría. Posteriormente hizo carrera en las inferiores albas hasta que en 1982 dio el salto definitivo para debutar en el primer equipo de Colo-Colo. Con la camiseta colocolina logró los títulos de Primera División 1983, 1986, 1989, 1990, 1991 y 1993; Copa Chile 1982, 1985, 1988, 1989, 1990. Además, fue el emblemático capitán en la obtención de la Copa Libertadores 1991, Recopa 1992 e Interamericana 1992. En la temporada 1986-87 fue

elegido uno de los mejores volantes defensivos del mundo por la revista *France Football*. Tras el retiro tuvo una breve carrera como director técnico, destacando su actuación en Colo-Colo entre 2002 y 2004, donde consiguió el título del Clausura 2002, cuando el club se encontraba intervenido por el proceso de quiebra.

3 DE MARZO – 2009 – TERCER TRIUNFO EN BRASIL

La edición 2009 de Copa Libertadores hizo compartir grupo a Colo-Colo con Palmeiras, Sport Recife y Liga de Quito. El cuadro albo cargaba a cuestas una complicada situación deportiva que lo tenía fuera de los *playoffs* del torneo local mientras la creciente enemistad entre cuerpo técnico y algunos jugadores punzaba las relaciones en el camarín. Luego de una dura derrota como local ante Sport Recife, los albos enfrentaban a Palmeiras en el Parque Antártica de Sao Paulo. Los albos abrieron la cuenta mediante un gol de Lucas Barrios a los 44 minutos de juego, luego un esquivo tiro de Macnelly Torres aumentó las cifras para el Cacique. El descuento de Keirrison a los 70 minutos puso incertidumbre, pero un golazo de Sebastián González a los 79 minutos sentenció la victoria colocolina por 3-1 sobre los paulistas, lo que se transformó en la tercera victoria alba en tierras brasileñas.

4 DE MARZO – 1993 – CAMPEÓN DE FÚTBOL SALA

A fines de 1992, la directiva de Eduardo Menichetti planeó la organización del 1.er Torneo Interclubes de Fútbol Sala en Chile. Para eso se tenía como escenario el Teatro Caupolicán, recientemente adquirido por Colo-Colo y denominado ahora como Teatro Monumental. El destacado técnico argentino Vicente de Luise es contratado para dirigir a los colocolinos, que además se refuerzan con dos seleccionados albicelestes: Gustavo Romero y Gabriel Valarín. El cuadro albo es el equipo más destacado del torneo, coronándose como campeón tras superar 12 goles a 4 a O'Higgins en una final transmitida por televisión y presenciada por gran cantidad de público en el teatro.

5 DE MARZO – 1978 – UN LUGAR LLAMADO CALAMA

A 2400 metros sobre el nivel del mar se ubica Calama, el epicentro cuprífero del país, seno del club Cobreloa, que tomó como base los clubes amateurs que crecieron a orillas del río Loa. A partir de 1977, una sorprendente campaña en el ascenso catapultó a Primera División a los loínos con una cifra de inversión importante, lo que les valió tener un poderoso equipo. Si bien el Cacique había visitado Calama y el vecino Chuquicamata, esta era primera vez que jugaba un duelo oficial en dicha ciudad. El cuadro naranja se impone por 4 a 2 a los colocolinos, con goles de Luis Ahumada (2), José Luis Ceballos y Juan Núñez. La portería local, defendida por el exmundialista Ladislao Mazurkiewicz, solo se vio vulnerada en dos ocasiones con los goles de Héctor Pinto y Juan Carlos Orellana, que no bastaron para cambiar el resultado final —que favoreció a Cobreloa— en el primer duelo oficial entre ambos.

6 DE MARZO – 1988 – COPA MIAMI MARLBORO

Colo-Colo dio la sorpresa al ser invitado a Estados Unidos para participar en la Copa Marlboro, que se disputa en Miami. El Cacique inicia el torneo con el pie izquierdo, cayendo por la cuenta mínima ante Atlético Nacional de Medellín, no pudiendo optar al título. Sin embargo, los albos debían medirse ante Millonarios de Colombia para disputar el tercer y cuarto lugar el 6 de marzo de 1988 en el Joe Robbie Stadium. Los tantos de Leonardo Montenegro y Jaime Pizarro adelantaron rápidamente al Cacique que vencía por 2-0 antes de los 10 minutos de partido. A pesar del descuento de Jaír Abonía, la actuación de Daniel Morón es sobresaliente para obtener el tercer puesto del minitorneo. Este partido consolidó la confianza del argentino en la portería colocolina, a la que había llegado solo meses antes.

7 DE MARZO – 1999 – UN DOMINGO SIETE

Un mes había pasado desde que Colo-Colo venciera 5-1 a Universidad de Chile por la Copa Ciudad de Santiago. Ahora se vivía un nuevo Superclásico por el Torneo Oficial, por lo tanto, la calurosa tarde del 7 de marzo no impidió que 30 000 personas llegaran hasta las tribunas de la cancha de Pedreros. Los albos vuelven a golear a

los universitarios, ahora con tantos de Marcelo Barticciotto, Cristián Montecinos (2) y Manuel Neira (2). Descontaron Rodrigo Barrera y Flavio Maestri para los azules, estructurando el 5-2 final. Los hinchas colocolinos estaban optimistas para el torneo 1999, ya que se le habían marcado diez goles al tradicional rival en solo un mes. Sin embargo, el resto de la temporada no sería tan feliz.

8 DE MARZO – 1923 – NACE ATILIO CREMASCHI

Surgido como un hábil jugador en su natal Punta Arenas, Atilio Cremaschi Oyarzún dio rápidamente el salto a las divisiones inferiores de Unión Española, donde defendió la camiseta hispana por varios años. A partir de 1953 comenzaría su ligazón con Colo-Colo, logrando el cariño del siempre complicado hincha colocolino. El *Chico* Cremaschi, pese a su mediana estatura, siempre se las arregló para destacar, obteniendo los títulos nacionales 1953 y 1956, también siendo parte del plantel que ganó la primera Copa Chile de los albos en 1958.

9 DE MARZO – 2002 – TRIUNFO EN CALAMA ¡POR FIN!

Calama siempre fue un recinto casi inexpugnable para Cobreloa. En los pastos del Estadio Municipal habían pasado más de 22 años y 2 meses sin que Colo-Colo pudiese conseguir un triunfo frente al equipo naranja. Cuando los hinchas pensaban que otra vez se daría un tradicional resultado, llegó la victoria del Cacique con un 2 a 0 notable sobre los calameños con dos goles de Luis Ignacio Quinteros. Ese día marcó también el debut de Gonzalo Fierro en el primer equipo de Colo-Colo.

10 DE MARZO – 2004 – VENCIENDO AL INDIO PIJE

Deportes Temuco, proviene del extinto Green Cross, tradicional equipo muy famoso en la primera mitad del siglo XX conocido como los Pijes. Debido a problemas económicos e institucionales, la escuadra de la cruz verde debió trasladarse a la Araucanía para anclarse bajo el alero de la ciudad de Temuco. De ahí se conoce su apodo de Indio Pije. Desde la vuelta a la división de honor, los enfrentamientos entre albiverdes y albos siempre tenían una cuota importante de rivalidad con duelos que eran un éxito en público. El cuadro colocolino llegaba al Estadio Germán Becker con dos derrotas consecutivas en el Apertura 2004, por lo que era imperioso conseguir la victoria. Afortunadamente, Braulio Leal había anotado de penal para los albos, dándoles al menos la tranquilidad de la ventaja. Sin embargo, faltando poco para el término del encuentro, la presión de los rivales se hizo sentir. Claudio Bravo, joven portero del equipo, comenzó a demorar el reinicio de las acciones y vio su segunda cartulina amarilla, con lo cual se fue expulsado restando solo cinco minutos para el fin del partido. Como Jaime Pizarro ya no disponía de más cambios, debió improvisar con el defensor Miguel Ramírez como arquero. De esa manera, Cheíto debió terminar defendiendo la portería, asegurando la victoria colocolina.

11 DE MARZO – 1973 – UN CACIQUE CELESTE

La Copa Libertadores 1973 seguía su curso con una complicada visita a Ecuador para medirse ante El Nacional en Quito. La escuadra colocolina conocía muy bien el poderío del elenco ecuatoriano que se ha destacado por usar solo jugadores ecuatorianos en sus filas, emulando al propio Colo-Colo (1944-1963), Athletic de Bilbao o Chivas de Guadalajara. La camiseta de El Nacional era blanca con franjas rojas y azules, por lo que el conjunto chileno debía recurrir a su camiseta alternativa para enfrentar el encuentro. El Cacique saltó a la cancha con una camiseta de color celeste, que sorprendió no solo a los rivales, sino también a los propios colocolinos. A pesar de la conquista del ecuatoriano Ítalo Estupiñán, el cuadro colocolino logró igualar las cifras a los 87 minutos con gol de Carlos Caszely, por lo que la camiseta celeste terminaría siendo recordada con cariño por hinchas y jugadores, a pesar de que no se volvió a jugar con esa indumentaria, al menos no durante el certamen continental.

11 DE MARZO – 1980 – UN PEQUEÑO LLAMADO DIEGO

El 4 de marzo de 1980, en la portada de *La Tercera de La Hora*, había aparecido una foto de un joven argentino con la camiseta de Colo-Colo promocionando el encuentro que sostendría el Cacique con Argentinos Juniors. El joven en cuestión era Diego Armando

Maradona, promisoria figura del Bicho, que había sido goleador del torneo Metropolitano y Nacional, convirtiéndose también en pieza clave de la selección juvenil argentina en el Mundial de la categoría. El encuentro entre ambos equipos era un viejo anhelo para la directiva colocolina, que había acordado un suculento contrato con Televisión Nacional de Chile para transmitir el encuentro. El director técnico de Argentinos Juniors, Miguel Ángel López, solo había hecho una exigencia a la dirigencia colocolina. Esta era tener especial cuidado de no golpear muy fuerte a Maradona, que venía saliendo de una lesión y estaba en planes de ser transferido. Sin embargo, varios jugadores de Colo-Colo hicieron caso omiso de la advertencia y disputaron fuertemente el balón con Diego. Dos anotaciones de Carlos Caszely pusieron en ventaja a los albos, pero rápidamente Miguel Ángel Molnar emparejaba todo con dos goles. Hasta que llegó un tiro libre precioso de Ramón Héctor Ponce para decretar el definitivo 3-2 favorable a los colocolinos. En ese momento comenzaron los roces y fricciones entre varios jugadores, que terminaron cuando Leonel Herrera golpeó fuertemente a Maradona en la disputa del balón, generando así la airada reacción de los jugadores rivales, quienes decidieron salir del campo al momento de cumplir el tiempo reglamentario.

11 DE MARZO – 2002 – COLOTÓN

El término 'colotón' es muy usado en las épocas críticas de Colo-Colo, empleado a fines de la década del sesenta en la gran crisis, siguió utilizándose cada vez que los albos debieron recurrir a la solidaridad de hinchas y empresas para salir de algún aprieto económico. Tras la declaración de quiebra en enero de 2002, se debió buscar una manera de conseguir recursos para pagar algunos gastos del club que se comenzaba a llenar de acreedores que buscaban sus pagos. Así, el 11 de marzo de 2002, la sindicatura liderada por Juan Carlos Saffie comenzó con la campaña Colotón. El lanzamiento se produce en las oficinas del Banco Estado y es lanzada junto al productor de eventos Tomás Cox, quien presenta la cuenta n.° 4600 como la indicada para que los hinchas albos hagan sus depósitos para ayudar al club hasta el 6 de abril de 2002.

12 DE MARZO – 2009 – BATIENDO AL CAMPEÓN

El club ecuatoriano Liga Deportiva Universitaria de Quito conquistó en 2008 su primera Copa Libertadores tras vencer en la final a Fluminense, mediante la tanda de los penales. Con ese cartel, los universitarios, dirigidos por Jorge Fossati, llegaron hasta el Estadio Monumental, donde los colocolinos aún no salían del asombro al vencer a Palmeiras en Sao Paulo solo días antes. Nueve minutos le bastaron al Cacique para doblegar a la defensa rival. La apertura de la cuenta fue por parte de César Carranza a los 56 minutos, luego siguió un tanto de Roberto Cereceda a los 61 minutos y cerró todo Lucas Barrios marcando a los 65 minutos. Una sorpresa ante el campeón vigente.

13 DE MARZO – 1999 – MIREN LO DE BARTICCIOTTO

El mineral de El Salvador acogía a Colo-Colo en un nuevo periplo para enfrentar a Cobresal. El Cacique venía de un arranque soñado tras igualar en el inicio del torneo con Iquique y luego con una senda victoria por 5-2 sobre Universidad de Chile. Esto hizo que 5116 personas llegaran a presenciar el encuentro. Un buen marco de público si tomamos en cuenta que en el campamento solo vivían cerca de 9.000 personas. La tercera fecha del torneo acogía este nuevo enfrentamiento en el Estadio El Cobre. La apertura de la cuenta fue a los 7 minutos por anotación de Danilo Figueroa para los mineros, luego marcó Alonso Zúñiga a los 29 minutos de juego. La sorpresa se originó a los 59 minutos cuando Marcelo Barticciotto sorprendió al golero Antonio Zaracho con un disparo desde 52,5 metros, lo que finalmente desencadenó el 2-1. Sin embargo, el exgoleador albo, Rubén Martínez, marcó el definitivo empate 2-2 a los 78 minutos.

14 DE MARZO – 1989 – EL MEJOR DE BARTICCIOTTO

Las opciones de Colo-Colo para clasificar a la segunda ronda de la Copa Libertadores 1989 estaban más vivas que nunca. El cuadro albo compartía un complicado grupo con Cobreloa, Sol de América y Olimpia. En el Estadio Nacional, el Cacique enfrentaba a Olimpia, dirigido por Luis Cubilla, un cuadro donde brillaba Gustavo Benítez, futuro técnico colocolino. En las acciones de la cancha, la

cuenta la abrió a los 23 minutos Sergio Salgado tras un pivoteo en el área. Luego vino la joya de la noche cuando, a los 55 minutos, Marcelo Barticciotto le marcó un golazo desde 30 metros a Ever Hugo Almeida con un 'globito' increíble que se coló en la portería paraguaya. El mismo Barticciotto ha reconocido que el gol que marcó esa noche ha sido el mejor tanto de su carrera. Para efectos del torneo internacional, el destacado volante argentino usó la camiseta n.° 11. El cuadro de Olimpia sería subcampeón del torneo.

15 DE MARZO – 1959 – EL RESPONSABLE DEL MARACANAZO

Uno de los dolores más grandes del fútbol brasileño fue el provocado por Juan Schiaffino y Alcides Ghiggia, la tarde del 16 de julio de 1950, cuando el vilipendiado Moacir Barbosa recibía los dos goles con que Uruguay le ganaba el Mundial a Brasil en su propia casa. Ese episodio, recordado como Maracanazo, también tenía otros responsables, como el director técnico de Brasil, Flavio Costa. Nueve años más tarde y luego de un breve paso por el fútbol portugués, el propio Costa llegaba contratado a Colo-Colo. Conocido en Chile también por el brillante título en el Campeonato de Campeones de 1948 dirigiendo a Vasco da Gama, las puertas del club colocolino se abren al director técnico. El cuadro colocolino cumple una gran campaña en 1959 logrando el subcampeonato y al año siguiente — un comienzo titubeante— hace que salga de la dirección del equipo, aunque el club terminaría siendo campeón a fin de temporada. Al menos no hubo nada parecido al Maracanazo.

16 DE MARZO – 2011 – UN MUCHACHO LLAMADO NEYMAR

La versión 2011 del Santos de Brasil debe ser una de las mejores que recuerdan los hinchas del Peixe desde aquel mágico cuadro de los años sesenta. El equipo brasileño participaba en Copa Libertadores con nombres como Edu Dracena, Elano, Paulo Henrique Ganso y una joven figura de 19 años: Neymar Jr. Los colocolinos, dirigidos por Américo Rubén Gallego, recibieron a los brasileños en el Estadio Monumental ante más de 30 000 espectadores, que apenas se acomodaban en sus asientos cuando, a los 4 minutos, Elano vencía a Juan Guillermo Castillo con un potente tiro de media distancia. Sin embargo, Colo-Colo viviría minutos mágicos que iniciaron con un gol de Esteban Paredes a los 26 minutos luego de una vistosa jugada personal. Ocho minutos más tarde, Ezequiel Miralles pondría el 2 a 1 y a los 41 minutos Andrés Scotti dejaría las acciones 3-1 ante la sorpresa de los propios brasileños. Iniciado el segundo tiempo, los dirigidos de Marcelo Martelotte lograron descontar tras gran jugada de Neymar, que pudo lograr quitarse la pegajosa marca de José Luis Cabión, quien lo marcó durante el segundo tiempo. El marcador final terminó 3-2 a favor de los colocolinos. El Santos se coronaría campeón de esa edición de Copa Libertadores y solo perdería dos partidos internacionales en la temporada ante los siguientes equipos: Barcelona FC de España y Colo-Colo de Chile.

17 DE MARZO – 1981 – LOS STRIKERS DE DON ELIAS

Fort Lauderdale Strikers era la nueva parada de Elías Figueroa en el largo periplo por el fútbol profesional. Luego de una extraordinaria campaña con Palestino, el defensor había recalado en la creciente liga estadounidense y volvía a Chile para enfrentar a Colo-Colo en un duelo amistoso junto a reputadas figuras como el peruano Teófilo Cubillas, el alemán Gerd Müller, entre otros. Pero Colo-Colo tenía en plenitud de condiciones a José Luis Álvarez, el recordado Pelé, quien marcó en dos ocasiones para que el Cacique se terminara llevando el encuentro por 2 a 0. Elías Figueroa, por su parte, estrechó sus vínculos con los dirigentes albos, que lo homenajearon antes del inicio del encuentro, y que ya veían con buenos ojos una posible transferencia del mejor defensor central chileno de todos los tiempos.

18 DE MARZO – 1984 – EL SUPERCLÁSICO ANTE COBRELOA

La temporada 1983-84 será recordada por ser una de las más largas en la historia del fútbol chileno, ya que se inició en agosto de 1983 y finalizó en abril de 1984, con 42 intensas fechas. La lucha sin par que mantuvieron Colo-Colo y Cobreloa durante todo el campeonato hicieron que el partido entre ambos, disputado el 18 de marzo de 1984, sea recordado como uno de los mejores, no solo porque restaban tres fechas para terminar el torneo, sino también por la gran cantidad de figuras en ambos equipos, sumado al recibimiento hostil por parte de los habitantes de Calama para los albos, que pese a tener

gran cantidad de simpatizantes en la ciudad, se consideraban como 'capitalinos'. Cobreloa alineó aquella tarde a Eduardo Fournier, Hugo Tabilo, Carlos Rojas, Claudio Tello, Enzo Escobar, Víctor Merello, Héctor Puebla, Hugo Rubio, Juan Carlos Letelier, Jorge Luis Siviero y Washington Olivera. Mientras del banco ingresaron Luis Ahumada y Rubén Gómez. Colo-Colo, por su parte, puso en la cancha a Roberto Rojas, Lizardo Garrido, Leonel Herrera Rojas, Óscar Rojas, Luis Hormazábal, Jaime Vera, Alejandro Hisis, Severino Vasconcelos, Raúl Ormeño, Carlos Caszely y Horacio Simaldone. El portero Mario Osbén debió reemplazar tempranamente al *Cóndor* Rojas por lesión y Juan Rojas a Vasconcelos. El triunfo fue para los loínos por 1-0 con gol del *Trapo* Olivera, lo que dejó el campeonato en suspenso hasta la última fecha.

19 DE MARZO – 1943 – NACE FRANCISCO VALDÉS

En las calles de la población Juan Antonio Ríos creció el talento de Francisco Valdés, fue ahí donde con sus fintas emulaba a su ídolo, Enrique *Cuá-Cuá* Hormazábal, al cual cada cierto tiempo corría a verlo pasar. Chamaco le apodaron cariñosamente por el gusto de sus padres por las películas mexicanas. *¡Nació un chamaquito!* Dijeron el día de su nacimiento. Francisco surgió en las inferiores como una figura indiscutible junto a su hermano, siendo un efectivo mediocampista y goleador. Debutante en 1961, alcanzó rápidamente la gloria en 1963 con el título de campeón, aprovechando de jugar con su ídolo máximo. Su carácter fuerte y un liderazgo innato lo pusieron en la capitanía del equipo, donde no pocas veces se enfrentó a los dirigentes, lo que le valieron varias temporadas a préstamo por ser considerado un 'mal elemento'. Esto no mermó su capacidad goleadora, encumbrándose como el goleador histórico del fútbol chileno con 216 anotaciones. El título de 1972 fue la cúspide de su carrera, aunque siguió destacando en el vicecampeonato de Copa Libertadores 1973 y la Copa Chile 1974. Siguió ligado al club tras su retiro, pero siempre con el ferviente amor porel fútbol, de esa pelota de trapo que alguna vez pateó por las calles de la actual comuna de Independencia.

20 DE MARZO – 2007 – LA NOCHE DE ALEXIS

Los preparativos para la Copa América 2007 sorprendieron al Caracas de Venezuela, por lo que debieron buscar rápidamente un recinto para albergar sus partidos de Copa Libertadores. Se pensó al inicio en trasladar sus duelos al Estadio Brígido Iriarte, pero el estadio era muy pequeño para los estándares Conmebol, así que se decidió a realizar el duelo en el estadio General Santander de la fronteriza Cúcuta. Colo-Colo debió enfrentar el cambio de sede esperando que las tierras colombianas le permitieran conseguir su primer triunfo en el grupo tras dos derrotas iniciales. El cuadro colocolino había dejado grata impresión durante el año anterior, por lo que cerca de 15 000 personas llegaron hasta el recinto deportivo para ver el rendimiento del equipo de Claudio Borghi y no se equivocaron. Alexis Sánchez anotó su primer triplete en el Cacique y Mario Edison Giménez terminó por consolidar un 4 a 0 sobre los caraqueños. Esto se transformó en la primera victoria colocolina en Colombia.

20 DE MARZO – 2008 – BAJANDO A BOCA

Colo-Colo había tenido un inicio titubeante en la Copa Libertadores 2008. Una caída en Guadalajara ante el Atlas (0-3) y una victoria en Venezuela ante Unión Atlético Maracaibo (3-1) tenía a los hinchas impacientes ante el resultado del tercer partido ante nada menos que el campeón vigente del torneo: Boca Juniors. Los xeneises, dirigidos por Carlos Ischia, llegaban hasta un Estadio Monumental repleto para ver las acciones de un duelo que prometía. Los albos se ponían rápidamente en ventaja a los 3 minutos de juego, con un golazo de Cristóbal Jorquera sorprendiendo a los argentinos. A los 35 minutos, el uruguayo Gustavo Biscayzacú, mediante un soberbio cabezazo, marcaba el definitivo 2 a 0 con que el Cacique superaba a los xeneises. Colo-Colo tendrá la posibilidad de aumentar las cifras a los 74 minutos, pero Gonzalo Fierro desvía su penal ante Mauricio Caranta.

21 DE MARZO – 1976 – UN PASEO EN SANTA CATARINA

En marzo de 1976, Colo-Colo emprendió una breve gira por el estado brasileño de Santa Catarina. Los albos se midieron con Avaí

de Florianópolis, Marcílio Dias de Itajaí y Sadia de Concordia. El 21 de marzo, los colocolinos llegan hasta Chapecó para presentarse en el estadio Indio Condá ante el Chapecoense. El cuadro brasileño se impuso cómodamente con un 5-2 sobre los colocolinos, que solo pudieron descontar a través de dos anotaciones de Raúl Ormeño. Este cotejo fue uno de los primeros duelos internacionales jugados en la ciudad, por lo que una gran cantidad de público llegó hasta el estadio del Chape. El cuadro albo, dirigido por Orlando Aravena, disputó cinco encuentros en la gira, completando dos victorias y tres derrotas.

22 DE MARZO – 1991 – TRES TRIUNFOS AL HILO

La Copa Libertadores 1991 tenía una nueva prueba de fuego en el Estadio Monumental. Esta vez el Cacique recibía a Liga Deportiva Universitaria de Quito ante 62 051 espectadores que repletaron el recinto colocolino. Los albos venían de dos triunfos, por lo que era imperioso que se triunfara para afrontar con tranquilidad dos complicados duelos como visitante. Afortunadamente para Colo-Colo, el poder goleador de Ricardo Dabrowski está intacto y abre la cuenta al minuto de juego tras una preciosa media vuelta. A los 15 minutos, Gabriel Mendoza aumenta las cifras con un golazo y el propio Dabrowski —tras pase de Mendoza— dictamina de cabeza el 3-0 a los 23 minutos de partido.

23 DE MARZO – 1983 - EL COBRELOA DE CANTATORE

El Colo-Colo de Pedro García y el Cobreloa de Vicente Cantatore disputaban su tercer enfrentamiento en Copa Libertadores tras medirse por primera vez en la edición de 1982 y luego de una cerrada lucha entre ambos por el trofeo de Primera División 1982. Esta vez los albos reciben a los loínos en el Estadio Nacional. Los colocolinos abren la cuenta a los 36 minutos cuando Leonel Herrera Rojas anota mediante lanzamiento penal para vencer a Eduardo Fournier. A los 45 minutos, Cristián Saavedra aumenta las cifras para los colocolinos. Jorge Luis Siviero logra poner el descuento a los 60 minutos de partido, pero no es suficiente para evitar que Colo-Colo se lleve los puntos. Eddio Inostroza y Héctor Puebla ven la tarjeta roja, por lo que la última media hora de partido si disputa con ambos elencos con solo diez hombres. El título está para cualquiera.

24 DE MARZO – 1971 – LA PIERNA DE GARCÍA

La versión 1971 de Copa Libertadores trae consigo una de las escenas más recordadas por los antiguos colocolinos en el Estadio Nacional. El 24 de marzo, Colo-Colo recibe al —siempre complicado— Cerro Porteño ante 73 393 espectadores. A los 43 minutos, cuando las acciones eran bastante parejas, el albo Pedro García y el azulgrana Justiniano Enciso traban con fuerza el balón en el centro del campo hacia las puertas de Maratón. Un chasquido y un grito avisa lo peor, y es Pedro García quien yace en el suelo con fractura de la tibia derecha. Los jugadores albos reclaman efusivamente y se abalanzan sobre sus rivales viendo la dantesca situación. De la misma manera, el público responde enfervorizado lanzando todo tipo de objetos a la cancha, incluso impidiendo que los paraguayos, dirigidos por Marcos Pavlovsky, puedan ir tranquilamente a camarines durante el entretiempo. La situación es grave y el árbitro argentino, Ángel Coerezza, debe evaluar la situación, ya que el ambiente está enrarecido. Sin embargo, el gol de Elson Beyruth logra aplacar los ánimos y los colocolinos celebran la victoria por 1-0 sobre los paraguayos, pero no alcanza para evitar la eliminación de los albos.

25 DE MARZO – 2012 – UNA TARDE MOVIDA

Colo-Colo enfrenta a Palestino en el Estadio Monumental con la imperiosa necesidad de triunfo, ya que los resultados, definitivamente, no acompañan a la escuadra de Ivo Basay. Antes del encuentro, la prensa se concentra en un contenedor ubicado en el sector sur del estadio, donde Carabineros realiza un allanamiento encontrando instrumentos de la barra alba, lo que acercaba presumibles vínculos con directivos del club. Durante el cotejo se vive también un hecho singular, ya que a las 19:37 horas se produce un fuerte sismo de 7,2 en la escala de Richter, que sacude gran parte de la zona centro de Chile. Esta situación, sumada a la derrota final por la cuenta mínima, con gol de David Llanos, termina por generar una crítica situación del Cacique.

26 DE MARZO – 1927 – EL PRIMER HIMNO

El plantel de Colo-Colo llevaba doce días de viaje en el Océano Atlántico, cruzando a Europa, tras su zarpe el 14 de marzo de 1927 desde el Puerto de Veracruz. Los colocolinos continuaban su travesía en el vapor Cuba, que los trasladaba en su aventura continental. Para pasar el tiempo, los jugadores realizaban rutinas de entrenamiento y variadas actividades. David Arellano, entusiasmado con el hecho de convertir a Colo-Colo en el primer club chileno en jugar en el viejo continente, se las arregla trazando en su cuaderno las primeras letras del himno del Cacique. La canción, basada en el corrido mexicano *La muerte de Pancho Villa*, recibe la aprobación de parte de los jugadores y es adoptado como el primer himno del club.

27 DE MARZO – 1996 – UNA COPA TRASANDINA

La Copa Trasandina se había convertido en la ocasión especial para conmemorar la hermandad entre chilenos y argentinos. Para esto se realizaba un encuentro entre los clubes más destacados de cada país en el momento. En 1996, el partido se desarrolló en sede única, en el Estadio Monumental, donde Colo-Colo y Boca Juniors igualaron 2-2 en el tiempo reglamentario. Los goles fueron anotados por Marcelo Espina (2) para los colocolinos, mientras que Darío Scotto y Rodolfo Arrabarruena marcaron para los xeneises. Posteriormente, las escuadras dirigidas por Gustavo Benítez y Carlos Bilardo, respectivamente, se tuvieron que ver en la definición desde los doce pasos. Por el Colo-Colo, Francisco Fernández falló su lanzamiento penal ante Carlos Navarro Montoya, por el lado de Boca fueron Blas Giunta y Julio César Saldaña quienes fallaron ante Claudio Arbiza, lo que propició que Colo-Colo consiguiese el torneo amistoso.

28 DE MARZO – 1961 – NACE RICARDO DABROWSKI

Hablar de Ricardo Mariano Dabrowski es hablar de un espigado delantero, surgido desde el club argentino Temperley, que llegó a Colo-Colo durante agosto de 1987. Su llegada se dio justo en el momento en que el club se encontraba en una gira por España y Portugal, por lo que debió acomodarse al esquema de juego rápidamente. Al arribar a Santiago, debió esquivar a cientos de reporteros en el aeropuerto, ya que su llegada coincidió con el regreso a Chile de Cecilia Bolocco, flamante Miss Universo 1987. Tras embarcarse a Europa para unirse al equipo, su efectividad quedó demostrada de inmediato cuando solo tarda 23 minutos en marcar su primer gol en el Cacique en su debut frente al Vitoria Guimarães de Portugal. Si bien su llegada acarreó algunas críticas debido a su corpulencia física y una evidente lentitud, rápidamente acalló a sus detractores marcando más de ochenta goles durante su estadía en el Cacique, que se prolongó hasta 1992. En el Cacique consiguió el título de Primera División 1989, 1990 y 1991, además de la Copa Chile 1988, 1989 y 1990. Siendo el más importante la Copa Libertadores 1991, donde fue goleador del equipo con seis tantos pese a estar lesionado en gran parte del torneo. Posteriormente se convirtió en ayudante de Mirko Jozic y años más tarde asumió la dirección técnica de Colo-Colo en dos ocasiones.

29 DE MARZO – 1936 – UNA CASA EN ARRIENDO

El Estadio Militar, como su nombre lo dice, pertenecía a la institución castrense. Sus múltiples usos para amplias facetas deportivas le habían dado un significado importante entre los vecinos del Parque Cousiño. Colo-Colo, que se había estabilizado tras la crisis de 1932, tenía en mente poder tener un recinto de administración propia, por lo que, a través de Alfonso Silva Carrasco, presidente del club, se realizó un contrato que concesionara el recinto a los colocolinos a cambio de mejoras en las instalaciones. Para el magno evento, el Cacique invita al club uruguayo Rampla Juniors para dar el puntapié en el nuevo recinto colocolino. Una victoria 4-1 sobre los orientales dejó como triunfador a los albos con goles de Amadeo San Juan (2), Enrique Sorrel y Arturo Torres.

30 DE MARZO – 1989 – UN TONGO PARAGUAYO

Las etapas definitorias en todo tipo de torneo se han prestado a lo largo del tiempo para las más diversas especulaciones, y se las ha vinculado casi siempre a supuestos arreglos deportivos entre equipos. En la versión de Copa Libertadores 1989 existía una cerrada lucha entre Sol de América, Olimpia, Cobreloa y Colo-Colo por quedarse con uno de los tres cupos que otorgaba el avance a la siguiente ronda del torneo. Esto generaba ciertos resquemores en la última fecha. Los

duelos, programados en el mismo horario el 29 de marzo, se jugaban con normalidad hasta que sobrevino la rareza, ya que, en Asunción, un inesperado corte de luz obligó a suspender el duelo entre Sol de América y Olimpia a los 24 minutos de juego. Mientras tanto, el duelo entre Cobreloa y Colo-Colo se desarrollaba con normalidad en Calama, donde el cuadro colocolino iguala 2-2 con los loínos. La sorpresa es que el duelo entre los paraguayos necesitaba de un curioso marcador para que ambos avanzaran. Sol de América debía vencer 5-4 a Olimpia para que ambos fueran a la siguiente ronda. Extrañamente, el resultado impensado ocurre ante los atónitos espectadores que presencian un verdadero 'milagro'. La directiva alba protesta inmediatamente ante la Conmebol por el descarado arreglo entre los clubes paraguayos, pero solo son multados con 5000 dólares, manteniendo el resultado original. Sol de América y Olimpia se vuelven a enfrentar en cuartos de final y Olimpia termina como finalista, pero cae en penales ante Atlético Nacional.

31 DE MARZO – 1986 – EL FURGÓN BLANCO Y NEGRO

La llegada de Arturo Salah a Colo-Colo había generado un revuelo al interior de la hinchada colocolina, que no aceptaban la decisión de incorporar a un jugador tan identificado con Universidad de Chile como técnico del primer equipo. El inicio de la campaña en Copa Chile (Polla Gol-LAN Chile) del nuevo entrenador no era del todo brillante y solo registraba dos triunfos en seis encuentros, contabilizando una derrota y tres opacos empates. El Cacique buscaba enmendar el rumbo enfrentando al humilde Cobreandino en el Estadio Nacional. Sin embargo, nuevamente el cuadro albo caía en un letargo y no podía vencer al portero Ronald Yávar. A tanto llegó el enojo de los colocolinos que, al finalizar el encuentro, la emprenden contra el técnico colocolino y lo esperan a la salida del coloso de Ñuñoa. Carabineros, al ver el complicado escenario que podría ocurrir, deciden ingresar a Salah a un furgón de la institución y, de esa forma, evitar a la multitud encolerizada. Afortunadamente para Salah, la situación comenzó a cambiar el 20 de abril cuando un empate 3-3 a último minuto ante Palestino, les devolvió la esperanza a los hinchas colocolinos.

ABRIL

1 DE ABRIL – 1984 – CAMPEÓN PRIMERA DIVISIÓN 1983

Luego de una gran campaña que se extendió entre agosto de 1983 y abril de 1984, el Cacique conquista una nueva corona tras vencer 2 a 0 a Audax Italiano en el Estadio Nacional ante más de 70 000 espectadores. Los goles fueron anotados por Carlos Caszely a los 19 minutos de juego y Jaime Vera, quien marcó a los 77 minutos para desatar el júbilo de los hinchas colocolinos. Eso sí, el festejo en primera instancia estuvo contenido, ya que, a la misma, hora Iquique y Cobreloa se medían en el norte del país, dejando abierta una posibilidad de definición, puesto que ambos equipos peleaban el primer puesto. Sin embargo, loínos y celestes solo lograron igualar 1-1 desatando la celebración. En la banca colocolina un pequeño televisor estaba ubicado para conocer el resultado del otro encuentro, así que cuando Carlos Caszely celebró, todo el estadio supo de la buena noticia. El Cacique alcanzaba su 14.ª estrella de la Primera División.

1 DE ABRIL – 1989 – UN CLÁSICO AL ÁNGULO

Las realidades que vivían Colo-Colo y Universidad de Chile para el clásico disputado el 1 de abril de 1989 por Copa Chile eran radicalmente opuestas. Por un lado, los albos afinaban los detalles de la construcción del Estadio Monumental, mientras que los azules preparaban el inicio del torneo de Segunda División. El momento

futbolístico de ambos era distinto, por lo que no extrañó que Colo-Colo goleara por 4 goles a 0 a los azules. La cuenta la abrió Guillermo Carreño a los 9 minutos de juego, más tarde, a los 67 minutos, Rubén Espinoza aumentó mediante tiro libre y Raúl Ormeño marcó el 3-0 a los 76 minutos. El momento más recordado de la noche se produjo a los 84 minutos cuando el argentino Sergio Díaz anotó mediante un tiro libre que se coló en el ángulo superior derecho de la portería de Raúl Díaz. El balón ingresó de tal manera que quedó colgando embolsado en el espacio de la red y el fierro que se descolgaba del vertical. Lizardo Garrido corrió a celebrar con el balón en sus manos y se inmortalizó una fotografía de él cargando el balón en señal de triunfo, haciendo olvidar el tongo paraguayo de mitad de semana.

2 DE ABRIL – 1976 – EL FÚTBOL EMPRESA

Héctor Gálvez, presidente de Colo-Colo, es destituido de su cargo y nuevamente el club es intervenido por la Asociación Central de Fútbol. Se acusa a Gálvez de un desorden administrativo y de una gran cantidad de deudas generadas durante su administración. Gálvez había asumido la presidencia en 1969 tras la intervención de 1968, por lo que nuevamente el club entra a un proceso de ajuste. Existen también otras versiones que apunta a la cercanía del entonces candidato, Antonio Labán, con Tucapel Jiménez, opositor del gobierno y destacado dirigente sindicalista de la Asociación Nacional de Empleados Fiscales (ANEF). Esta cercanía habría causado que el gobierno invalidara las elecciones y destituyera posteriormente a *Aladino* Gálvez como recurso asociado al decreto n.° 349 que permitía intervenir procesos eleccionarios. Tras designar una comisión interventora, será el grupo económico BHC, propiedad del empresario Javier Vial, esel designado para realizar ajustes administrativos en el club. Luis Alberto Simián se transforma en la cara más visible de la institución al tomar la presidencia y la dirección de la comisión fútbol.

3 DE ABRIL – 1927 – PRIMER PELDAÑO EN EUROPA

El cuadro albo toca por primera vez el suelo de Europa el 28 de marzo de 1927 en el marco de la Gira Internacional. Su primer duelo lo juega el 3 de abril de 1927 frente al Eiriña de Pontevedra en el Estadio Riazor de La Coruña. El elenco español presenta una mixtura con jugadores del Celta de Vigo y Alfonso XIII. Los primeros colocolinos en actuar en el viejo continente fueron Roberto Cortés, Jorge Linford, Ulises Poirier, Óscar González, Guillermo Saavedra, Francisco Arellano, Humberto Moreno, Horacio Muñoz, Guillermo Subiabre, David Arellano y José Miguel Olguín. El Cacique vence 4-3 a los españoles con goles de Guillermo Subiabre, Humberto Moreno, José Miguel Olguín y David Arellano.

4 DE ABRIL – 1925 – VAMONOS QUIÑONES

A las 16:30 horas se reúnen, en la sede del Club Deportivo Magallanes, jugadores y dirigentes del club carabelero con el objetivo de realizar la votación de la capitanía del equipo para la temporada 1925. Uno de los candidatos a asumir el cargo es el talentoso David Arellano de 22 años de edad, que proponía una serie de cambios en la conformación del equipo a fin de potenciar y disciplinar el trabajo del club. Junto a un grupo no menor de jugadores, Arellano genera diferencias con la mesa que presidía interinamente Santiago Nieto. Luego de recibir una reconvención por parte de los directivos ante posturas que fueron encontradas radicales y utópicas, uno de los jugadores en sintonía con David Arellano le indica a Juan Quiñones que abandonen la reunión: "¡Vámonos Quiñones… que jueguen los viejos, si pueden". Este hecho inspira la salida de varios miembros de la reunión, incluido David Arellano, y sirve como base para la reunión de los disidentes que se reúnen en el bar Quitapenas, donde comienzan a planificar lo que sería un nuevo club.

5 DE ABRIL – 1991 – EL GRUPO ES NUESTRO

Colo-Colo visita a Liga Deportiva Universitaria en el Estadio Olímpico Atahualpa de Quito en el último partido del grupo 2 de Copa Libertadores. El cuadro albo presenta una mixtura de jugadores que incluye, desde el primer minuto, a Marcelo Ramírez en la portería, que sería finalmente el único partido del torneo en el cual actuaría el arquero; también actúan, desde el primer minuto, Sergio Salgado, Raúl Ormeño y Luis Pérez, quienes habían visto muy poca acción durante el torneo. Además, se realiza una variante en la defensa, donde Jaime Pizarro actúa prácticamente como líbero. El partido finaliza sin goles,

transformando a Marcelo Ramírez en la figura del elenco albo. Con esto, Colo-Colo gana su grupo de forma invicta y con nueve puntos.

6 DE ABRIL – 1973 – MARACANAZO ALBO

Luego se sortear sin grandes sobresaltos la fase de grupos de Copa Libertadores 1973, el Cacique llega hasta Río de Janeiro, para iniciar el camino en la fase final del torneo continental. Frente a Colo-Colo se encontraba Botafogo, tradicional animador del fútbol brasileño. El escenario era el monumental Maracaná, ícono del fútbol mundial. "Igualito al estadio de Molina", decía Alejandro Silva al ingresar a reconocer el campo de juego. Los colocolinos presentan una singular equipación, puesto que usan por primera vez camiseta y pantalones blancos, ya que los rivales visten camiseta franjeada y pantalones negros. En la cancha, los dirigidos de Luis Álamos vencen 2-1 a los cariocas con goles de Carlos Caszely y Francisco Valdés, mientras que los rivales anotan por medio de Ferretti cuando el encuentro ya expiraba. Esta se transforma en la primera victoria de un club chileno en Brasil por competencias oficiales.

7 DE ABRIL – 1990 – TIRO LIBRE SIN BARRERA

A mediados de marzo de 1990, los dirigentes del fútbol chileno habían sorprendido a los seguidores con una particular noticia, puesto que se incorporarían nuevas reglas —a modo de prueba— en la competencia de la Copa Apertura Digeder. La principal modificación en el tradicional reglamento era la implementación de los "tiros libres sin barrera", más conocidos como "penales largos", lo que implicaría que existiría una línea segmentada a 9,15 metros del área grande, donde cualquier falta fuera del área grande, entre la línea segmentada y la línea de meta, se transformaría en "penal largo". Esta ejecución se debía realizar desde la medialuna del área, donde el arquero podía adelantarse hasta el punto penal. En los primeros cuatro encuentros de Colo-Colo en el torneo, no pudo marcar desde esa posición pese a tener varios lanzamientos a su favor. No fue hasta el partido con Everton, un 7 de abril de 1990, en el Estadio Sausalito, cuando el Cacique logró anotar mediante esta modalidad, a través de un espectacular remate de Rubén Espinoza, quien decreta la igualdad 2 a 2 entre albos y ruleteros, donde el "penal largo" se hace presente también a favor de los oro y cielo, quienes habían abierto la cuenta con tiro de Alfredo Núñez desde la línea segmentada.

8 DE ABRIL – 1940 – NACE MIRKO JOZIC

Durante 1987, Chile fue el epicentro de dos hechos notables: el primero, la recordada visita de Juan Pablo II, que paralizó al país; el otro evento fue deportivo: el Mundial Juvenil Sub-20, que se disputó en Antofagasta, Valparaíso, Concepción y Santiago. Esta competencia coronó como campeón a la selección juvenil de fútbol de Yugoslavia que, con grandes actuaciones, se ganó el cariño de la gente. Al mando de este equipo estaba, Mirko Jozic, un serio y estudioso director técnico que encontró gran acogida en Chile, entre otras cosas, por la gran colonia balcánica residente. Es más, el presidente de Colo-Colo, Peter Dragicevic, era descendiente croata y había sido también presidente del Estadio Yugoslavo. Esto afirmó el vínculo con el Cacique, quien rápidamente tentó al entrenador para dirigir a los albos. En primera instancia, Jozic llegó a Colo-Colo para ser parte del proyecto formativo Ruta al Éxito durante 1988, luego de esto regresó a su país al cumplir su contrato. La salida de Arturo Salah en 1990 abrió la vacante en la dirección del primer equipo, por lo que no fue sorpresa la llegada de Jozic, ahora a cargo del plantel profesional. El croata se quedó por cuatro temporadas en el Cacique, coronándose campeón de los torneos nacionales 1990, 1991 y 1993. Sin embargo, su gran título fue la obtención de la Copa Libertadores en 1991, sumando la Copa Interamericana 1992 y la Recopa Sudamericana 1992. Luego de su alejamiento en 1994, volvió en 2005 para tomar un cargo administrativo en el club. Mirko Jozic dirigió más de 200 partidos del Cacique, convirtiéndose en uno de los grandes nombres de la historia del club.

9 DE ABRIL – 1961 – DEBUT EN COPA LIBERTADORES

Creada en 1960, la Copa Libertadores de América era la oportunidad única de los clubes para determinar quién regía por sobre los demás en Sudamérica. En 1961 llegaría la primera participación para el Cacique, luego de obtener el título nacional de 1960. El primer escollo era el laureado Olimpia del Paraguay, dirigido por César López Fretes. El cuadro albo llegaba aún desacomodado y solo con

un partido oficial jugado en la temporada. Los rivales golearon al Cacique por 5 goles a 2 con anotaciones de Antonio González, Pedro Cabral (2) y Benicio Ferreira (2) para el Rey de Copas, mientras que para Colo-Colo anotaron Enrique Hormazábal, con el primer gol histórico del Cacique en la competencia, y otro tanto de Jorge Toro.

10 DE ABRIL – 1982 – CAMISETAS PARCHADAS

La crisis de 1982 empujó a Chile a una fuerte recesión, lo que produjo un severo impacto en la banca y en el comercio. Colo-Colo, indirectamente, también se vio afectado con una merma considerable en la asistencia de público y también por el congelamiento de contratos comerciales. Uno de los contratos que quedó en *stand-by* fue el de la empresa deportiva Power, que había acompañado al equipo desde 1981 como *main sponsor*. El anuncio sobre el contrato motivó que los albos parcharan sus camisetas mientras el acuerdo no fuera renovado o renegociado. Por lo tanto, para el duelo del sábado 10 de abril de 1982 ante Palestino en el Estadio El Bosque, debieron usar un vistoso parche sobre la derecha de la camiseta.

10 DE ABRIL – 1993 – UN COKE OLÍMPICO

La Copa Chile de 1993 tuvo varios hechos importantes en la historia de Colo-Colo. El Cacique dejó el tradicional auspicio de Lada para sumar a su camiseta a Cerveza Cristal, lo que se transformaría en un *sponsor* que acompañaría al Cacique por más de dos décadas. Otro hecho es que, por primera vez, caía en el Estadio Monumental ante la Universidad de Chile, lo que había desatado la ira de los hinchas y de la directiva alba. En busca de enmendar la imagen mostrada en el torneo, los albos recibían al humilde Unión Santa Cruz, club que militaba en la Segunda Categoría. El trámite del encuentro se comenzó a resolver tempranamente cuando Jorge Contreras marcó, a los 3 minutos, un gol olímpico en el arco norte de la cancha de Pedreros. Posteriormente, Fernando Vergara (2), Eduardo Hurtado (2) y Héctor Adomaitis estructuraron el definitivo 6-1 sobre los santacruzanos, que habían descontado mediante Arturo Cubillos.

11 DE ABRIL – 1976 – FUEGO AMIGO

"No hay peor astilla que la del mismo palo", pudieron haber pensado los hinchas de Colo-Colo la tarde del 11 de abril de 1976 cuando el Cacique recibió a Santiago Wanderers ante 15 034 espectadores en el Estadio Santa Laura. En un disputado encuentro, los dirigidos de Orlando Aravena habían podido ponerse en ventaja ante los porteños, que habían abierto la cuenta por medio de un exalbo, Fernando Osorio. Los goles de Hugo Solís y Raúl Ormeño habían logrado dar vuelta el marcador, pero a los 65 minutos apareció otro viejo conocido, Francisco *Chamaco* Valdés, quien defendía a los caturros durante esa temporada, y remató de zurda venciendo a Adolfo Nef, decretando el 2-2 definitivo. Este era el primer encuentro en que Colo-Colo hacía como local con la nueva administración del grupo BHC, por lo que se estrenaba indumentaria nueva. Además, se habían pagado los sueldos adeudados que habían propiciado la intervención.

12 DE ABRIL – 2014 – REGRESA EL BÁSQUET

El 21 de noviembre de 1997, Colo-Colo había jugado su último partido en Dimayor al caer 119-114 frente a la Universidad de Concepción. A fines de año se cerraría la etapa de la rama de básquetbol del Cacique, dejando en vilo las esperanzas de los fanáticos cesteros. El receso del equipo cestero se extenderá por casi 17 años hasta que se vuelve a formar un nuevo equipo para la temporada 2014-15 de la Liga Nacional de Básquetbol, en gran medida gracias a una llamativa campaña de socios que realiza el club durante 2013. El primer encuentro amistoso de la rama se disputa el 12 de abril de 2014 y el Cacique vence 81-71 a River Plate en el CEO II de Ñuñoa.

13 DE ABRIL – 1966 – NACE IVO BASAY

Desde el inicio de su periplo como futbolista, Ivo Basay Hatibovic demostró que sería una excepción a la regla. Un despliegue tremendo y unas condiciones físicas impecables le valieron rápidamente la confianza de clubes para ficharlo. En 1995, luego de concluir su segunda etapa en Necaxa, decide volver a Chile para ponerse la camiseta de Colo-Colo. Su estreno con la casaquilla alba se produce en la goleada 10-0 sobre Regional Atacama, donde inmediatamente se

matricula con dos goles. El paso de Basay por Colo-Colo se completa con los títulos de 1996, Apertura 1997 y 1998, además de la Copa Chile 1996, marcando en total sesenta goles. Luego de una grave lesión producida a fines de 1997 no pudo volver a su nivel y terminó retirándose a fines de 1999. Más tarde volvió como director técnico, haciéndose cargo del primer equipo en la temporada 2011-12.

13 DE ABRIL – 1983 – NACE CLAUDIO BRAVO

De Viluco a Santiago era el periplo que debía hacer Claudio Andrés Bravo Muñoz para ser parte de la cantera de Colo-Colo. Si bien era un portero con evaluaciones positivas, no fueron pocas las veces en que su salida de las inferiores era inminente. La declaración de quiebra del club no mermó sus expectativas, decidió quedarse y formar parte del equipo campeón del Torneo de Clausura 2002. Sin embargo, su debut oficial se produce recién durante la Copa Libertadores 2003, cuando debe debutar de emergencia tras las ausencias de los goleros Eduardo Lobos y Jonathan Walker. Luego de dos años de altos y bajos, logra consolidarse en la temporada 2005, convirtiéndose en número fijo para la temporada 2006, donde consigue el título del Torneo Apertura 2006 siendo figura en la definición por penales ante Universidad de Chile, ocasión en la que contiene dos lanzamientos con atajadas espectaculares, las cuales le valieron su transferencia al fútbol europeo.

13 DE ABRIL – 2014 – CAMPEÓN TORNEO CLAUSURA 2014

Entre 2010 y 2013 los hinchas de Colo-Colo habían sufrido con pésimas campañas por parte del primer equipo, además de conflictos dirigenciales importantes. Para la temporada 2014 se piensa en invertir fuertemente para lograr revertir la racha negativa. Lo primero que se hace es mantener a los entrenadores Héctor Tapia y Miguel Riffo, quienes realizan una dupla técnica que trae muy buenos réditos para los albos. El primer equipo se refuerza con tres grandes jugadores: Jaime Valdés, Julio Barroso y Esteban Paredes, este último regresa desde el fútbol mexicano. El objetivo de consagrarse campeones es tan evidente que Paredes decide llevar el dorsal número 30 en señal al torneo que se espera alcanzar. Luego de una campaña casi perfecta, el conjunto colocolino logra alzar el trofeo tras vencer a Santiago

Wanderers por 1-0 en el Estadio Monumental con gol de Felipe Flores. Esteban Paredes logra abrochar también el premio a goleador del torneo con 16 goles.

14 DE ABRIL – 1926 – NACE JORGE ROBLEDO

La historia de Jorge Robledo Oliver comienza en Iquique en 1926, donde crece junto a sus padres y su hermano Eduardo. En 1932, a raíz de los ecos de la crisis económica del 29 y la inestabilidad política en Chile, su familia decide volver al país natal de su madre: Inglaterra. En la isla, los hermanos Robledo logran hacer una destacada carrera futbolística en clubes como Barnsley y Newcastle, destacando el poder goleador de Jorge. En 1953, Colo-Colo decide contratar los servicios de ambos hermanos, trayéndolos a formar parte del primer equipo. Con un marcado acento británico y hablando muy poco español, los Robledo rápidamente se convierten en un fenómeno en las canchas chilenas. Jorge marca 26 goles en su primera temporada y se queda en el club hasta 1958, completando casi 100 goles durante su estadía. Además, consigue los títulos de 1953 y 1956, siendo recordado como uno de los grandes goleadores albos y poseedor de uno de los promedios de gol más importante de la historia de Colo-Colo.

15 DE ABRIL – 1959 – EL SANTOS DE PELÉ

Pelé había debutado en el primer equipo de Santos en 1957 y se había consolidado como una estrella mundial del fútbol durante el Mundial de Suecia 1958, donde convierte 6 goles a pesar de acarrear una seria lesión. El delantero, de solo 18 años, llegaba a Chile para enfrentar a Colo-Colo con el cuadro brasileño, por lo que el revuelo por verlo genera un récord en la taquilla de 22 millones de pesos de la época. El director técnico del Cacique, Flavio Costa, prepara la ofensiva para que el Cacique logre superar a sus rivales y determina que Mario Ortiz debe ser quien marque al talentoso Pelé. El encuentro es muy favorable al Cacique, que termina llevándose el encuentro venciendo 6-2 a sus rivales con goles de Juan Soto Mura (2), Jorge Toro (3) y Enrique Hormazábal.

15 DE ABRIL – 1995 – UN GOL TRISTE

Marcelo Barticciotto había dejado Colo-Colo a principios de 1993 para partir al fútbol mexicano a defender los colores del América. Luego de dos irregulares temporadas con los americanistas, decide volver a Chile, pero el Cacique ya había cerrado su plantel y los cupos no estaban disponibles para entrar al plantel de Gustavo Benítez, que era cuestionado en su puesto. El club que le abriría las puertas a Barti sería la Universidad Católica de Manuel Pellegrini, que buscaba de cualquier manera poder conseguir el esquivo título que le había arrebatado la Universidad de Chile durante 1994. El 15 de abril, Marcelo Barticciotto vivía una jornada especial, pues enfrentaba a Colo-Colo. Una tarde de sentimientos encontrados que se coronó a los 50 minutos de juego cuando el propio Barticciotto conecta un centro de derecha venciendo al portero Luis Barbat. Tras marcar el gol, su rostro es de una increíble tristeza en medio de la felicidad de anotar un tanto. Los hinchas bautizan esta reacción como Gol Triste, recordando la genuina expresión de desencanto en el rostro del argentino al bajar la vista, como diciendo "Perdón" a los hinchas albos. El encuentro finalizó 2-1 favorable a los cruzados.

16 DE ABRIL – 1961 – LA PRIMERA VICTORIA CONTINENTAL

Luego de debutar en la Copa Libertadores 1961, los colocolinos debían viajar hasta Asunción para enfrentar a Olimpia. Un gol de Antonio González ponía rápidamente en ventaja a los paraguayos, pero a los 29 minutos, Enrique Hormazábal ponía el empate. Hasta que, a los 67 minutos de juego, Luis Hernán Álvarez decretó el 2-1 definitivo, transformándose en la primera victoria oficial de Colo-Colo en Copa Libertadores y, por ende, la primera como visita en Paraguay. Sin embargo, el cuadro albo es eliminado en primera ronda por diferencia de goles.

17 DE ABRIL – 1988 – UN CLÁSICO DE MEDIA HORA

El Estadio Nacional es escenario de un nuevo clásico entre Colo-Colo y Universidad de Chile. Al encuentro, válido por Copa Digeder, asisten 67 577 personas que se instalan en el coloso de Ñuñoa para ver enfrentarse a las escuadras de Arturo Salah y Alberto Quintano.

La cuenta la abre Arturo Jáuregui a los 10 minutos, luego Leonardo Montenegro marca a los 21 minutos y termina aumentando Jaime Pizarro a los 26, para decretar el 3-0 definitivo sobre el cuadro azul en menos de media hora de juego.

18 DE ABRIL – 1945 – NACE GUILLERMO PÁEZ

Nacido en Estadio Central, pero criado en las calles de la Población Juan Antonio Ríos, Guillermo Páez se transformó desde muy pequeño en un eximio futbolista. Incursionó en las divisiones inferiores de Universidad Católica y Colo-Colo para lograr afianzarse en San Antonio Unido y Lota Schwager. Llegó a Colo-Colo por petición expresa de Luis Álamos mientras conformaba el competitivo plantel de 1972, transformándose en pieza fundamental del Cacique por cuatro temporadas, destacando en los títulos del Torneo Nacional 1972 y Copa Chile 1974, asimismo en el vicecampeonato de Copa Libertadores 1973.

19 DE ABRIL – 1925 – FUNDACIÓN OFICIAL

Luego de más de dos semanas de conversaciones y reuniones para la conformación del nuevo club, los fundadores pactaron el comienzo oficial para el día domingo 19 de abril de 1925 en el Estadio El Llano. A la cita no logran asistir David y Francisco Arellano, quienes deben tomar el tren para jugar en el sur del país. A las 11:30 horas se comenzó a desarrollar la reunión que tenía como fin consolidar la fundación del club, eligiendo además el nombre del equipo, el uniforme que utilizarían y asuntos varios. Luis Contreras propone el nombre de Colo-Colo FC que es aceptado por la asamblea, Juan Quiñones propone el uniforme blanco y negro y Guillermo Cáceres propone el uso de medias azules con franja blanca. En dicha ocasión también se planifica la realización de las jornadas de entrenamiento que serán los miércoles por la tarde y domingo y festivos por la mañana.

19 DE ABRIL – 1992 – UN RAMBO A LA JAPONESA

En la lejana ciudad de Kobe, Japón, se realiza una nueva versión de la Recopa Sudamericana JAL 1992. Los participantes en el trofeo

son Cruzeiro, campeón de la Supercopa Sudamericana 1991, y Colo-Colo, Campeón de Copa Libertadores 1991. El primer equipo llegaba a Asia por primera vez buscando obtener su segundo trofeo internacional, pero en frente estaba uno de los equipos más fuertes de Brasil, que justamente había eliminado por penales al Cacique en la anterior edición de la Supercopa, donde el equipo de Belo Horizonte superó en la final a River Plate. Durante los 90 minutos de juego, el público expectante del Estadio Universitario de Kobe tuvo bastante entretención pese a que no se abrió el marcador, con ambos equipos presionando, buscando quedarse con el encuentro, pero no logrando vencer las porterías de Daniel Morón y Paulo César. La ocasión más clara la generó Cruzeiro cuando Charles Fabian fue derribado en el área por el portero colocolino, lo que inmediatamente fue cobrado como penal. Sin embargo, el poste izquierdo fue en auxilio de Morón, quien le gritó con todo el error a Charles. El encuentro finalizó sin goles, teniendo que llegar a la prórroga, donde se mantuvo la igualdad. Para la definición a penales, Mirko Jozic realizó una jugada magistral y sustituyó a Morón por Marcelo Ramírez a los 120 minutos de juego. La idea del estratega croata dio resultado cuando el Rambo le contuvo el lanzamiento penal a Marco Antônio Boiadeiro. El lanzamiento final fue obra de Jaime Pizarro quien con un remate mordido convirtió el tanto de la victoria desatando la alegría en Chile. "Como buen Carabinero, Pizarro pega el palo y adentro", fue la broma que el humorista Álvaro Salas hizo en televisión para referirse al gol y a la polémica del Káiser, quien había usado el atuendo policial en una fiesta de disfraces, lo que le valió la recriminación del propio general director de Carabineros.

20 DE ABRIL – 1975 – UNA INAUGURACIÓN A LA CHILENA

Diecinueve años habían pasado desde la adquisición de los terrenos de la Chacra San Joaquín por parte de Colo-Colo. El club había hecho grandes esfuerzos para construir su estadio propio, pero pese a la inversión los recursos, no habían sido suficientes para finalizarlo, por lo que solo existía una rudimentaria obra gruesa, acumulando musgo y pasto. El presidente Héctor Gálvez, entusiasmado por la gran campaña del equipo entre 1972 y 1973, decidió echar mano del plantel colocolino para poder habilitar definitivamente el estadio y poder jugar partidos abiertos al público. Pese a ganarse el repudio de buena parte de la hinchada por 'desmantelar' el equipo, también eran muchos quienes apoyaban la idea de inaugurar de una vez por todas el recinto albo. Luego de una prueba en octubre de 1974, la inauguración oficial se realiza el 20 de abril de 1975 con la jornada doble entre Santiago Morning y Santiago Wanderers y el duelo de fondo entre Colo-Colo y Aviación. El wanderino Juan Álvarez anota el primer gol oficial en el estadio en la igualdad 1-1 con los bohemios. En el duelo de fondo, Juan Carlos Orellana marca el primer gol colocolino en Pedreros en la victoria 1-0 de los albos. Sin embargo, el sueño de Héctor Gálvez sería breve, pues los propios jugadores, hinchas y autoridades presionan para que el Cacique deje de jugar en Pedreros, ya que no existían las debidas comodidades. Por ejemplo, la cancha estaba en malas condiciones, los camarines eran demasiados lejanos y rústicos, no había asientos cómodos para el público y los servicios higiénicos eran deficientes.

21 DE ABRIL – 1979 – EL NEGRO Y EL CHINO

En febrero de 1978, los colocolinos habían quedado maravillados con el rendimiento de un hábil jugador de Internacional de Porto Alegre, que había vencido a los albos en la Copa Viña del Mar. El futbolista se llamaba Severino Vasconcelos y recibió el llamado de Colo-Colo. El debut del Negro se produjo el 21 de abril de 1979 en un partido con Santiago Wanderers en la fecha debut del Torneo Nacional. Esa tarde también se luce su compañero Carlos Caszely, quien vence la portería wanderina en cinco ocasiones. El resto de los goles son anotados por Ramón Héctor Ponce y un gol del debutante Vasconcelos a los 85 minutos, concretando la victoria por 7-2 sobre el cuadro porteño. Esa tarde el Negro y el Chino comenzaron una sociedad futbolística que se mantendría por seis temporadas en Colo-Colo.

22 DE ABRIL – 1971 - ¿DÓNDE ESTÁ TED?

Eduardo Robledo vivió gran parte de su carrera futbolística —casi siempre— eclipsado por la potente figura de su hermano Jorge. Ted, como era habitualmente nombrado, tuvo un buen desempeño en Colo-Colo pese a no lograr los sorprendentes registros de su hermano, igual se ganó el cariño de la gente. Tras salir del Cacique, regresó

a Inglaterra y logró finalizar su carrera deportiva sin contratiempos. Al regresar a Chile trabajó como técnico en el programa de rastreo de la NASA. Pero al poco tiempo emigró ahora a Centroamérica para seguir desarrollando su carrera en el fútbol. Posteriormente trabajó en compañías petroleras y, durante uno de sus periplos por el golfo pérsico, se le perdió el rastro el 6 de diciembre de 1970. Las circunstancias nunca estuvieron de todo claras, puesto que Ted había estado jugando cartas con parte de la tripulación del petrolero Assahm y se le perdió el rastro mientras este cubría una ruta por el golfo de Omán. Los tripulantes aseguraron varias versiones, entre las que se cuentan una caída accidental desde el barco, o bien una supuesta pelea con el capitán del barco. Tras varios meses de investigación de la desaparición del exfutbolista, el juicio finalizó el 22 de abril de 1971 sin culpables y sin siquiera haber podido recuperar el cuerpo de las aguas del mar Arábigo.

23 DE ABRIL – 2006 – ME VA EXPULSAR

El carácter de Jorge Valdivia le había jugado una mala pasada varias veces a lo largo de su joven carrera. Su extrovertida personalidad y su innegable talento lo hacía merecedor de las más duras infracciones dentro de la cancha. El 23 de abril de 2006, Colo-Colo recibía al campeón vigente, Universidad Católica, en el Estadio Monumental. El cuadro albo comenzaba a cimentar una gran campaña, pues venía de siete victorias seguidas, aunque en la cancha el rival era muy fuerte y particularmente duro con Jorge Valdivia, quien ya a los 25 minutos de juego tenía un partido aparte, con abundantes reclamos al discreto cometido del árbitro Rubén Selman. Luego de un áspero diálogo, Valdivia corrió a una de las cámaras y dijo: "Lo digo antes, Selman me amenazó que me va a expulsar. Me va a expulsar, acuérdate". Esto fue suficiente para colmar la paciencia del juez quien no titubeo para mostrar la tarjeta roja al volante colocolino en una de las expulsiones más emblemáticas del fútbol chileno. El Cacique finalmente cayó 2-3 ante los cruzados, pese a haber estado en ventaja 2-0.

24 DE ABRIL – 1950 – NACE RAFAEL GONZÁLEZ

Rafael González creció en las canchas de La Florida y Puente Alto. Un partido entre Colo-Colo y club amateur Santa Marta, propició su llegada a las divisiones inferiores del Cacique cuando apenas tenía 15 años. Luego de salir del club por diferentes motivos, volvió a integrarlo a fines de la década del sesenta, esta vez para no dejar su puesto. Hábil zaguero, formó una de las duplas defensivas más famosas de la historia con Leonel Herrera Rojas. Durante su permanencia en el Cacique, logró los torneos nacionales de 1970 y 1972, ganando además la Copa Chile 1974 y siendo fundamental en el vicecampeonato de Colo-Colo en Copa Libertadores 1973.

24 DE ABRIL – 1991 – EL CABEZAZO DE BALÁN

El corazón de varios colocolinos se debe haber detenido la tarde-noche del 24 de abril de 1991. Colo-Colo enfrentaba a Universitario de Deportes en el Estadio Monumental en el duelo de vuelta de los octavos de final de Copa Libertadores. En la ida albos y cremas habían igualado sin goles, por lo que la llave estaba abierta para cualquiera. El conjunto colocolino había abierto la cuenta por medio de Rubén Espinoza a los 40 minutos de juego, pero los 75 minutos Andrés Gonzáles había decretado la igualdad para los peruanos. Afortunadamente a los 83 minutos, un penal servido por Espinoza nuevamente aventajó a los albos. Sin embargo, el susto sería mayor en los minutos finales, que podría perfectamente hacer tambalear la clasificación. El hecho más importante es un esquinado cabezazo de *Balán* Gonzáles en la portería de Daniel Morón, quien ágilmente vuela sobre su derecha para quedarse con el balón junto al poste y la línea de meta, en una de las atajadas más impresionantes de la historia de Colo-Colo, algo que el estadio se gritó como un gol, ya que valió una clasificación. En otros hechos anecdóticos, el cuadro universitario, al regresar a Lima, tuvo serios problemas técnicos en el vuelo, lo que generó expectación de la prensa peruana. Asimismo, tuvieron problemas para dormir en el hotel de concentración limeño por la aglomeración de los fans del popular grupo mexicano Magneto.

25 DE ABRIL – 1971 – DEBUTA EL PAVO

Colo-Colo quería olvidar cuanto antes la eliminación de Copa Libertadores 1971, por lo que rápidamente aseguró un gran equipo para poder quedarse con el torneo local y dar la pelea nuevamente. Las incorporaciones del Cacique más emblemáticas corrían por parte

de dos jugadores: Sergio Messen y Mario Galindo. Para muchos el apellido Galindo era desconocido en Colo-Colo, ya que este era más identificado a la figura del básquetbol colocolino Sonia Galindo. El debut del Pavo ocurre en Rancagua, cuando los albos visitan al siempre respetable O'Higgins el 25 de abril de 1971. El técnico Francisco Hormazábal se decidió por Mario Galindo y Carlos Araneda por sobre Aldo Valentini y Alejandro Silva, dejando una defensa bastante nueva para los hinchas, que pese a la torpe expulsión de Humberto Cruz logró sacar el partido adelante frente a un rival de peso. En el marcador quedó registrado un 2-2, con goles de Carlos Caszely y Sergio Ahumada para los albos, y Jorge López y Fernando Pérez para los rancagüinos.

26 DE ABRIL – 1958 – UN HOYO EN PEDRERO

A fines de 1955, Antonio Labán había anunciado la compra de un terreno en el sur de la capital para construir el estadio de Colo-Colo. Luego de varios pasos iniciales como la oficialización de la compra en 1956 y la conformación de la inmobiliaria en 1957, el club debía ahora comenzar con la etapa más importante, que era construir la obra gruesa que soportara la estructura proyectada. Para dicha ocasión se invita a dirigentes, socios y periodistas a participar de una visita a la obra, en la que se dan elocuentes discursos que resaltan la calidad que se espera tenga el recinto de Macul. Los arquitectos Mario Recordón y Augusto Gómez muestran las maquetas de la obra, mientras Antonio Labán responde cada una de las interrogantes de los asistentes a fin de clarificar que el estadio va en serio.

26 DE ABRIL – 1989 – CLÁSICO EN LA CISTERNA

El 21 de abril de 1989 durante la realización de unas Olimpiadas Escolares en el Estadio Municipal de La Cisterna, se había producido un grave incendio en las graderías repletas de más de 7000 niños y profesores. El papel picado se había incendiado velozmente en el suelo hiriendo a 88 niños y 3 profesores, desatando un drama entre las familias de los escolares. Palestino, Unión Española, Universidad de Chile y Colo-Colo acordaron jugar una jornada doble a fin de reunir recursos para las familias de los desafortunados heridos. El miércoles 26 de abril de 1989, albos y azules se midieron por primera vez en la nueva cancha en un Superclásico amistoso, donde el Cacique se impuso por 2-0 con goles de Marcelo Barticciotto y Sergio Díaz. Los partidos lograron reunir $1 537 300 que fue en ayuda de los afectados.

27 DE ABRIL – 1937 – NACE JUAN SOTO MURA

Niño-Gol, el apodo que lo marcó para siempre, surgió una tarde de julio de 1957 tras marcarle tres goles a Green Cross en la tarde de su debut. Durante sus seis temporadas en el Cacique logró alcanzar el centenar de goles, convirtiéndose en goleador del equipo durante cuatro temporadas seguidas, consiguiendo uno de los mayores promedios de gol de la historia de Colo-Colo. En 1958 conquistó la primera versión de Copa Chile y luego fue vital en la obtención del título del Torneo Nacional 1960. Su última temporada en el Cacique fue en 1969 donde se despidió marcando dos goles.

27 DE ABRIL – 1946 – NACE ALFONSO LARA

Cuando hubo que buscar nuevos refuerzos para el plantel de 1973, Luis Álamos tenía varios nombres para elegir, pero se quedó con el nombre de Alfonso Lara, hábil volante surgido de Magallanes y que había cosechado buenas presentaciones en Lota Schwager, donde logró la consolidación que le abrió las puertas de la selección nacional, y por ende de Colo-Colo en casi dos millones y medio de escudos. Colocolino de toda la vida, su debut fue en la goleada sobre Unión Española en el inicio de Copa Libertadores 1973, coronando su debut con el quinto gol en la noche mágica del cuadro albo. Luego de cuatro temporadas en el Cacique, siempre se mantuvo como los jugadores más emblemáticos del equipo. Un agresivo cáncer se lo llevó tempranamente en agosto de 2013.

28 DE ABRIL – 1928 – NACE MANUEL MUÑOZ

En las calles de Tocopilla se forjó el carácter y la habilidad de Manuel Muñoz, considerado dentro de los goleadores históricos de Colo-Colo con más de 116 goles marcados. Tanta fue la identificación del tocopillano que rápidamente fue bautizado como Colo-Colo, ganándose el reconocimiento de los exigentes hinchas albos. Su

capacidad goleadora le permitió ser goleador del equipo durante tres temporadas consecutivas. Vistió la camiseta del Cacique durante nueve temporadas entre 1949 y 1958, conquistado los títulos nacionales de 1953 y 1956, sumados a la Copa Chile 1958.

28 DE ABRIL – 1967 – NACE MARCELO ESPINA

Surgido de las canteras del Platense de Argentina, Marcelo Espina Barrano es de aquellos jugadores que al parecer están hechos para Colo-Colo. La historia lo puso en el club en 1995, cuando se transforma en los primeros refuerzos de Gustavo Benítez para la temporada. Luego de arduas negociaciones, Espina aceptó el ofrecimiento y se embarcó a Chile para su más emblemática aventura deportiva. En el Cacique lograría los títulos nacionales de 1996, 1997C, 1998 y 2002C. También ganó la Copa Chile 1996. Posteriormente, en 2005, ocupó el cargo de director técnico del equipo y en 2019 asumió las labores de director deportivo de Colo-Colo.

29 DE ABRIL – 1997 – LA ROJA EN EL MONUMENTAL

El Estadio Monumental de Colo-Colo se encontraba recién en su séptimo año consecutivo, desde su reapertura en 1989, cuando llegó el llamado desde Juan Pinto Durán. La selección chilena albergaría por primera vez en la historia un partido oficial como local en la cancha de Pedreros. Chile y Venezuela se medirían en el reducto colocolino, buscando encumbrar a La Roja en los puestos de avanzada para la clasificación al Mundial de Francia 1998. A la cita asisten 42 034 espectadores, quienes celebran el 6-0 que los chilenos aplican sobre el conjunto llanero. Iván Zamorano marca cinco goles y el 'dueño de casa', Pedro Reyes, anota otro tanto, sentenciando la histórica goleada.

30 DE ABRIL – 2010 – VISITA EN EL MONUMENTAL

¿Colo-Colo visita en el Monumental? Esa era la frase más recurrente entre los colocolinos, durante la tarde del 30 de abril de 2010 cuando Santiago Morning recibía al Cacique en el Estadio Monumental. Sin embargo, pese a la extrañeza de la situación, esto ya había sucedido, ya que existieron acuerdos con algunos clubes para hacer de local en el reducto de Macul. Es así como Audax Italiano, Palestino y Santiago Morning habían utilizado hasta esa fecha el recinto. Los microbuseros ya habían hecho de local en Pedreros ante Colo-Colo en 2000 y 2009, donde habían vencido al Cacique, por lo que se esperaba que este duelo pudiese vengar esas dos derrotas de la mano del debutante Diego Cagna. En la cancha, los goles de Cristian Bogado y Claudio Graf estructuraron el 2-0 definitivo sobre los bohemios.

MAYO

1 DE MAYO – 1979 – TRECE GOLES EN DOS PARTIDOS

El inicio del Torneo Nacional 1979 había sido muy provechoso para el Cacique. Había superado con comodidad a Santiago Wanderers por un abultado 7-2 en cancha del Estadio Nacional en una jornada récord, dado que Carlos Caszely marcó cinco goles. La segunda fecha tenía como rival a Santiago Morning, dirigidos por un viejo conocido: José Santos Arias. Colo-Colo nuevamente fue una tromba y superó 6-0 a los bohemios con anotaciones de Eddio Inostroza, Ramón Héctor Ponce (2), Carlos Rivas (2) y Carlos Caszely. De esta forma, el cuadro albo completó trece goles en solo dos partidos, todo un récord considerando que solo recibieron dos tantos.

2 DE MAYO – 1971 – EL JOVEN HÉROE DEL CLÁSICO

Con 17 años recién cumplidos, Víctor Solar Pérez sorprendía a los hinchas albos debutando por el primer equipo del Cacique en abril de 1971. Pese a su juventud, comienza a alternar con el primer equipo, hasta que el 2 de mayo llega el esperado duelo ante Universidad de Chile, pero el elegido desde la partida es Carlos Caszely. Los universitarios se habían puesto en ventaja con gol de Eladio Zárate, pero más tarde Carlos Díaz marcaba la igualdad para los colocolinos. El técnico colocolino, Francisco Hormazábal, buscaba las formas de romper la paridad y sustituyó a Caszely para hacer ingresar a Solar. A los 88 minutos de juego, Víctor Solar obtuvo su recompensa tras

vencer la portería azul que, por ese entonces, defendía Adolfo Nef. Solar es considerado como el jugador colocolino más joven en anotar en clásicos.

3 DE MAYO – 1927 – FALLECE DAVID ARELLANO

El 2 de mayo de 1927, el Real Unión Deportiva de Valladolid solicitó a los albos jugar la revancha del duelo que ambos habían jugado el 1 de mayo con una contundente victoria colocolina. Los jugadores albos estaban extenuados por la exigencia del calendario de partidos, por lo que habían tenido intenciones de aplazar el encuentro, pero finalmente se presentaron. David Arellano hizo un esfuerzo y se vistió para jugar el encuentro, sin embargo, luego de disputar un balón con uno de los jugadores vallisoletanos, cae violentamente al suelo para no levantarse jamás. Luego de una extensa noche de agonía, el 3 de mayo fallece a causa de una peritonitis traumática, generando diversas muestras de dolor tanto en Europa como en Sudamérica.

3 DE MAYO – 1991 – UNA GOLEADA PARA SEMIFINALES

Hasta el Estadio Monumental llegaron 40 246 personas para ver a Colo-Colo recibir al siempre complicado Nacional de Montevideo. El cuadro colocolino venía expectante por estos cuartos de final tras superar a Universitario de Deportes con un infartante epílogo en los octavos de final. El cuadro albo, dirigido por Mirko Jozic, consigue superar con claridad a los uruguayos y los vence por 4 goles a 0. Los tantos fueron anotados por Rubén Martínez, Rubén Espinoza y un doblete de Ricardo Mariano Dabrowski.

4 DE MAYO – 1973 – REVANCHA ANTE CERRO PORTEÑO

La alegría del triunfo albo en Maracaná ante Botafogo tenía optimistas a la gran mayoría de colocolinos en Copa Libertadores 1973. Sin embargo, la derrota en Asunción había provocado un ambiente de desazón, cuando el cuadro colocolino fue goleado 5-1 por Cerro Porteño, sobre todo pensando en los difíciles duelos posteriores. Afortunadamente, Colo-Colo se pone rápidamente de pie y devuelve la gentileza a los paraguayos, venciendo al Ciclón por un expresivo 4-0 en el Estadio Nacional con goles de Sergio Ahumada, Francisco Valdés (2) y Leonardo Véliz. Esto dejaba a los albos con cuatro puntos y al borde de la clasificación a la final del torneo.

5 DE MAYO – 1940 – UN CLÁSICO DE APERTURA

Universidad de Chile había sido apoyado por Colo-Colo en 1938 para su postulación a la máxima categoría, lo que generaba relaciones dirigenciales bastante cordiales, aunque en los hinchas la relación no era tan amistosa. La apabullante superioridad colocolina de las primeras dos temporadas entre ambos todavía no generaba la expectativa de un Superclásico, pero si un partido interesante. Una nueva ocasión de enfrentamiento se produce en el Torneo Apertura 1940, donde los albos venían de una campaña bastante buena tras superar a Bádminton y Green Cross. Albos y azules definirían al campeón del torneo inicial en el Estadio Nacional. Un tempranero gol de Albanés Passalacqua colocó a los universitarios en ventaja, pero una anotación de Jorge Vergara emparejó las acciones. Luego, la figura goleadora de Alfonso Domínguez anotó dos tantos para el Cacique. Otro tanto de Passalacqua no pudo evitar que Colo-Colo levantará la copa, la primera directamente sobre los azules.

6 DE MAYO – 2018 – UNA JINETA PARA EL GARRA

El 2 de mayo de 2018 falleció Carlos Velásquez, histórico paramédico de Colo-Colo. Apodado el Garra, se transformó en parte vital del equipo colocolino. Con un choque de palmas esperaba a los jugadores afuera del túnel al salir al campo de juego y los acompañaba habitualmente en la foto del primer equipo. Cuatro días después de su muerte, Colo-Colo enfrentaba a Everton en el Estadio Monumental, lugar donde los hinchas del Cacique le brindaron un respetuoso minuto de silencio. En la cancha Esteban Paredes lucía una jineta de capitán con la imagen de Velásquez junto al equipo de 1991, la que mostró a la cámara de televisión al convertir uno de los goles del triunfo 3-1 del Cacique.

7 DE MAYO – 1997 – UNA VICTORIA A LA URUGUAYA

Colo-Colo había visitado Uruguay en ocho ocasiones por Copa Libertadores. Su registro era pésimo, puesto que solo había logrado un empate, el resto solo derrotas. La gran campaña de 1997 sería testigo de la hazaña rompiendo el maleficio del Estadio Centenario ante Nacional. Los albos se habían puesto en ventaja a los 13 minutos por medio del defensor Juan Carlos González, pero ya a los 70 minutos, la promisoria figura de Álvaro Recoba había igualado para el Bolso. Cuando quedaba muy poco para el final del encuentro, Marcelo Barticciotto e Ivo Basay marcaron con menos de un minuto de diferencia y sellaron una espectacular victoria 3-1 sobre los uruguayos, la primera en tierras orientales.

8 DE MAYO – 1973 – UN EMPATE CAMINO A LA FINAL

Colo-Colo estaba a las puertas de instalarse por primera vez en la final de Copa Libertadores. Sin embargo, el rival a vencer era Botafogo, que venía con hambre de revancha tras caer en Maracaná. El difícil encuentro estuvo marcado por la tensión pese a que los goles de Sergio Ahumada y Rafael González avizoraban un panorama tranquilo con un 2-0 a los 32 minutos de juego. Pero los brasileños arremetieron con goles de Dirceu Guimarães (2) y Rodolfo Fischer, dando vuelta el resultado, dejando al Cacique en el camino. Los jugadores de Colo-Colo no bajaron los brazos y se esforzaron por llegar hasta la portería de Wendell, aunque sin poder conseguir el objetivo a pesar de numerosos intentos. A los 89 minutos llegó la alegría en uno de los goles más gritados en la historia del club. Leonardo Véliz capitalizó el 3-3 definitivo, colocando a los albos en la primera final continental de la historia para un equipo chileno.

8 DE MAYO – 1985 – LA ÚLTIMA COPA DE PEDRO

Un total de 17 partidos terminó jugando Colo-Colo en el Torneo Copa Polla Gol de 1985. Un extenso torneo con una fase regular de 14 fechas, donde el Cacique solo sucumbió frente a Palestino (1-3) y Universidad Católica (1-2). La severa crisis dirigencial afortunadamente no hacía mella en el equipo, que se imponía en la final del torneo por 1-0 sobre Palestino en el Estadio Santa Laura. El gol lo anotó Horacio Simaldone a los 14 minutos del segundo tiempo. La algarabía de los hinchas albos fue importante, ya que el primer objetivo del año se cumplía. Ahora faltaba el torneo nacional, pero en frente había rivales de peso.

9 DE MAYO – 1929 – CACIQUES Y MARINEROS

A lo largo de su historia, Colo-Colo también ha sabido de partidos considerados raros, tal como sucedió en 1929 cuando los albos se midieron frente a la tripulación del barco británico HMS Caradoc. Este grupo tenía dentro de su dotación a un cuerpo de baile y equipos de rugby y fútbol. En esta última disciplina había destacado en varios amistosos disputados en suelo nacional, tanto en Arica, Iquique y Valparaíso. La singularidad del duelo hizo que bastante público llegara hasta Campos de Sports para presenciar el cotejo, que terminó favoreciendo a los colocolinos con una trabajada victoria por 5-3 sobre los ingleses. La tripulación se encontraba realizando actividades de aniversario por la ascensión del Rey Jorge V que completaba 19 años de reinado. El barco continuó en Chile participando de actividades en Talcahuano, Coronel y el Archipiélago Juan Fernández, aprovechando de conmemorar las Glorias Navales de Chile, hasta emprender viaje a Cabo de Hornos.

10 DE MAYO – 1946 – EL ESTADIO DE CARABINEROS

La ambición de Colo-Colo de tener un estadio propio había surgido prácticamente desde el inicio del club. Varias comisiones se habían conformado para conseguir el objetivo, pero innumerables obstáculos ponían el proyecto en postergación. Lo más cercano que se había logrado era el arriendo del Estadio Militar, pero no se había logrado avanzar más allá. Sin embargo, en 1945 había surgido una esperanza, ya que Carabineros de Chile deseaba vender algunas de sus propiedades, entre las que se contaba el antiguo estadio de la institución construido en 1923 en la zona aledaña al río Mapocho a un costado de la avenida Balmaceda. Robinson Álvarez, presidente colocolino, rápidamente trató de convencer a la policía de comprar el recinto, lo que finalmente consiguió, transformando al abandonado recinto en el primer estadio colocolino de manera oficial.

10 DE MAYO – 1981 – NACE HUMBERTO SUAZO

Cuando Pedro Suazo vio crecer a su hijo Humberto, encontró ciertos rasgos que se familiarizaban a un famoso futbolista chileno. Este se parecía a Luis Hormazábal, por lo que decidió apodarlo igual: Chupete. Luego de brillar en el club amateur Torino de San Antonio, rápidamente dio el salto a las inferiores de Universidad Católica, comenzando un largo periplo, marcado por lesiones y goles que finalizó con una gran campaña en Audax Italiano. El destino parecía escrito, lo buscaba Colo-Colo, el club del cual era hincha, por lo que no hubo mucho que decidir a fines de 2005, transformándose en refuerzo para la temporada 2006. Humberto Suazo marcó 77 goles en el Cacique y ganó los torneos nacionales de Apertura 2006, Clausura 2006, Apertura 2007 y Apertura 2015. Durante su paso por el Cacique logró un registro inigualable en 2006 con 47 goles en la temporada, por lo que la IFFHS lo nombró Goleador del Mundo.

10 DE MAYO – 2008 – EL INICIO DEL TORNEO FEMENINO

Las mujeres chilenas practicaron fútbol durante buena parte del siglo XX con regularidad, pero a un nivel amateur, opacado indudablemente por los avances del fútbol masculino. El fútbol femenino en Colo-Colo siempre estuvo incluido en la mayoría de los planes de las diferentes candidaturas de los presidentes del club. A principios de los años noventa se intentó regularizar un torneo femenino que tuvo al Cacique como participante, pero no fue hasta 2008 cuando se logró definitivamente el establecimiento de un torneo regular reconocido por la Asociación Nacional de Fútbol Profesional. El debut del Cacique en este campeonato se produjo el 10 de mayo de 2008 a las 16:30 horas, cuando las albas enfrentaron a Unión La Calera en el Estadio Monumental por la Copa Entel PCS. El triunfo favoreció a las caleranas por 5-2.

11 DE MAYO – 1958 – LA CLAUSURA DE SANTA LAURA

La lucha por el descenso en el torneo de 1957 había condenado a San Luis de Quillota a jugar en el ascenso debido a un castigo por mala inscripción de un jugador; esto a favor de Universidad Católica, que había terminado como colista. Los quillotanos buscaron la forma de mantenerse en la primera categoría y acudieron al Estado para defender su derecho, acusando evidentes fallas reglamentarias en el proceso. La primera fecha del torneo se debía realizar en la cancha del Estadio Santa Laura, hasta donde llegó mucho público para observar la jornada doble entre Palestino contra Rangers y Colo-Colo contra Ferrobádminton. Sin embargo, la cancha de Plaza Chacabuco estaba cerrada por una clausura aplicada a último momento. Los jugadores, funcionarios e hinchas estaban esperando el inicio del encuentro en la calle, donde los futbolistas de Colo-Colo firmaron la planilla de juego a bordo del bus que los transportó al recinto. La fecha se debió reprogramar y a la semana siguiente el Cacique venció 5-1 a los ferroviarios.

12 DE MAYO – 1990 – EL CACIQUE PEGA DOBLE

El Cacique había inaugurado el Estadio Monumental a fines de 1989, pero no había podido jugar un partido internacional oficial en el recinto de Pedrero a causa de la falta de iluminación artificial. La calendarización de Copa Chile dejaba abierta una ventana para poder realizarlo en una increíble jornada doble a disputarse un día sábado. Lo extraño del contexto generó que la reserva colocolina enfrentara a Everton por Copa Chile en el partido preliminar mientras el primer equipo se medía con Sporting Cristal en el partido de fondo por Copa Libertadores, que curiosamente contaría con una terna arbitral chilena por acuerdo entre ambos clubes. Los resultados son notables y los albos vencen 5-0 a los ruleteros y luego a los peruanos por 2-0, marcando un hecho que no ocurría desde 1933, cuando los albos debieron presentar un equipo en Chile y otro en Perú.

13 DE MAYO – 1964 – UN TRIUNFO EN LA MITAD DEL MUNDO

La Copa Libertadores 1964 marcaba la segunda participación de Colo-Colo en el certamen continental. Los albos visitaban Guayaquil para medirse frente a Barcelona y poder conseguir su segundo triunfo como visita en la historia del torneo. Los albos lo consiguen de manera brillante, superando por 3-2 a los ecuatorianos. Los goles del Cacique los anotan Roberto Frojuello, Luis Hernán Álvarez y Francisco Valdés. Pese a la arremetida del equipo amarillo en el último tramo

del partido, con dos descuentos de Nivaldo, los albos consiguieron su primer triunfo en "la mitad del mundo".

14 DE MAYO – 1995 – UN CLÁSICO CABEZÓN

El primer clásico de 1995 enfrentó a Colo-Colo y Universidad de Chile. El cuadro azul se presentaba como campeón vigente luego de 25 años. Los albos buscaban volver a conquistar el torneo local, pero ya empezaban los primeros problemas para el director técnico Gustavo Benítez, ya que dos caídas ante Universidad Católica y Cobreloa comenzaban a complicar su ciclo. Afortunadamente para las pretensiones colocolinas, el refuerzo argentino, Marcelo *Cabezón* Espina, tendría una gran tarde, siendo la figura de los albos, marcando en dos ocasiones sobre la portería de Sergio Vargas. El gol restante fue obra de Fernando Vergara coronando una tarde muy alegre para los colocolinos, que esa tarde también vieron el debut de la indumentaria Nike.

15 DE MAYO – 1986 – NACE MATIAS FERNANDEZ

Hijo de padre chileno y madre argentina, Matías Ariel Fernández nació en Argentina, pero a temprana edad se trasladó a vivir a Chile junto a su familia. Pese a su personalidad introvertida, su talento innato lo hizo figura indiscutida de las inferiores colocolinas, transformándose en el gran proyecto del club en momentos en que la quiebra golpeaba a Colo-Colo y las esperanzas de miles de juveniles se esfumaba. Debutó en 2003, pero no fue hasta el año siguiente cuando inicia el gran período de su carrera, coronado por los títulos de los torneos de Apertura y Clausura 2006. En sus primeros años en el Cacique marcó 57 goles, en poco más de un centenar de partidos disputados, destacando sus notables ejecuciones de tiro libre que dejaron huella en las canchas nacionales. A fines de la temporada 2006 fue transferido al Villarreal de España, por más de seis millones de euros, luego de ser vicecampeón de la Copa Sudamericana y obtener el premio al futbolista sudamericano del año, distinción que entrega el diario *El País* de Uruguay.

16 DE MAYO – 1981 – UNA COPA CHILE INVICTA

El barro de una otoñal noche fue testigo de la final de la Copa Polla Gol 1981, que disputaban las escuadras de Colo-Colo y Audax Italiano. El cuadro de colonia venía de una gran campaña donde había dejado en el camino a Cobreloa y Unión Española, además traía como estandartes a Juan Carlos Letelier y Ribamar Batista. Colo-Colo tenía una mixtura de jugadores destacados, pero que confiaban en el poder goleador que habían demostrado Severino Vasconcelos y Rodrigo Santander. El cuadro albo resolvió rápidamente, ya que a los 66 minutos de juego ya ganaba por 5-0 a sus rivales. Los goles colocolinos fueron anotados por Daniel Díaz, Cristián Saavedra, Severino Vasconcelos (2) y Rodrigo Santander. A los 82 minutos Juan Carlos Letelier ponía el gol de honor para el cuadro itálico. De esta forma los albos consiguen su tercer trofeo de Copa Chile y esta vez de forma completamente invicta.

16 DE MAYO – 1991 – UNA SONRISA EN LA BOMBONERA

La mítica Bombonera fue el escenario de la semifinal de ida de la Copa Libertadores 1991. Para gran parte de la prensa especializada esta se convertiría en la final anticipada, teniendo frente a frente a Colo-Colo y Boca Juniors. Los argentinos repletaron la cancha del Camilo Cíchero para lo que esperaban fuera una clara demostración de superioridad sobre el equipo colocolino. Sin embargo, dentro de la cancha los albos habían logrado contener los ataques de los xeneises. Lizardo Garrido había dado muestras de una increíble tranquilidad con salidas espectaculares desde la retaguardia jugando a ras de piso, mientras que Patricio Yáñez parecía ser el mismo de principios de los ochenta. Un discreto penal cobrado por el paraguayo Juan Francisco Escobar marcó el único desnivel del partido en los pies de Alfredo Graciani. Al finalizar el encuentro, varios jugadores de Colo-Colo esbozaban sonrisas por el resultado ante la extrañeza de los argentinos, que querían jugar cuanto antes la revancha y poder terminar con este trámite.

17 DE MAYO – 1964 – LOS TANOS VENEZOLANOS

Colo-Colo visita Caracas en su primer partido oficial en Venezuela y el primer encuentro que se juega en fase de grupos en la historia de la Copa Libertadores en el país llanero. El rival era el llamativo Deportivo Italia, que venía de conquistar el título venezolano de 1963. El encuentro estuvo marcado por la dificultad de conseguir árbitros, ya que los jueces brasileños designados no pudieron entrar a Venezuela por problemas con su documentación. A raíz de esto se llamó de urgencia a dos árbitros de Antillas Holandesas, los señores Walter Van Rosberg y Ted Koejster. En las boleterías del Estadio Olímpico se agolpaban casi 30 000 personas para acceder al partido, dejando más de 139 900 bolívares de recaudación. Los albos consiguen su primer triunfo en Venezuela superando por 2-1 a los 'italianos' con goles de Roberto Frojuello y Mario Moreno.

18 DE MAYO – 1950 – UN PENAL DE ESPALDAS

En Río de Janeiro se ultimaban los detalles para la apertura del gran Estadio Maracaná para el Mundial, mientras tanto, Fluminense, uno de los clubes grandes de la ciudad, visitaba Chile y se medía ante Colo-Colo. El Flu había sido distinguido por el Comité Olímpico Internacional en 1949, siendo acreedores de la singular Copa Olímpica. El Cacique también era base de la selección chilena que concurriría al Mundial, por ende, también congregaba buena cantidad de jugadores avezados. Albos y tricolores ya habían tenido un primer enfrentamiento el 7 de mayo de 1950, donde los albos habían vencido por 3-0, por lo que el encuentro del 18 de mayo era la revancha. En el partido, los albos mantenían una ventaja futbolística nuevamente y, por medio de Manuel Muñoz, se disponían a ponerse en ventaja a través de un lanzamiento penal. El tocopillano lanzó el penal y el portero rival lo atajó sin problemas, pero el árbitro Francisco Las Heras obligó a la repetición de la pena máxima. Caetano, arquero rival, molesto por la repetición de la jugada, decidió colocarse de espaldas protestando contra la determinación del juez. El encuentro finalizó 1-1.

19 DE MAYO – 2012 – BOMBAS EN LA FLORIDA

La aplicación del programa Estadio Seguroen los diversos eventos deportivos nacionales había generado nuevas reglamentaciones en torno al comportamiento de los hinchas y jugadores en los estadios. Esas nuevas reglas incluían un pequeño acápite que incluía la evacuación de sectores del estadio por mal comportamiento. Esta situación no se había dado hasta el partido en que Colo-Colo y Audax Italiano jugaron en el Estadio Bicentenario de La Florida. A los 23 minutos de juego, la seguridad fue alterada por la detonación de bombas de ruido en el sector de la barra colocolina. Las autoridades determinaron la evacuación de la galería norte, ocupada por seguidores albos, por lo que el juego estuvo detenido por casi dos horas, dada la resistencia del desalojo y la idea del juez Jorge Osorio de suspender indefinidamente el encuentro. Pese a los inconvenientes, Colo-Colo venció 3-1 a los audinos con tres goles de Esteban Paredes, quien anotó a los 12, 35 y 46 minutos de juego.

20 DE MAYO – 1939 – ALBOS Y CRUZADOS

El primer enfrentamiento en torneos de Primera División entre Colo-Colo y Universidad Católica se dio el 20 de mayo de 1939. Si bien los albos habían 'examinado' a los cruzados en 1938 en el recordado duelo de postulación de los cruzados, esta vez se enfrentaban ya en la máxima categoría, tras la inclusión del club universitario. En el Estadio Carabineros disputaron el partido ante poco más de dos mil espectadores. Los cruzados marcaron por medio de Felipe Mediavilla y Fernando Riera mientras que los colocolinos consiguieron la definitiva ventaja con goles de Enrique Sorrel, Norton Contreras y Tomás Rojas, sellando el 3-2 final.

21 DE MAYO – 1938 – NACE LUIS HERNÁN ÁLVAREZ

Goleadores como Luis Hernán Álvarez ha habido muy pocos en el fútbol chileno. Originario de Curicó, llegó hasta las huestes colocolinas muy joven, debutando en el primer equipo en la Copa Chile de 1958. Sus temporadas en el Cacique tendrán altos y bajos, estos últimos marcados por algunos problemas de salud. Sin lugar a dudas, el hecho que evoca mayor recuerdo es el récord goleador del

torneo 1963, donde marcó 37 goles en una sola temporada, cifra que solo pudo ser alcanzada por Patricio Galaz en 2004 y Lucas Barrios en 2008. Álvarez jugó en Colo-Colo hasta 1965, marcando más de 117 goles y coronándose campeón de Copa Chile 1958 y los torneos de Primera División 1960 y 1963. Fallecería a temprana edad en 1991 como consecuencia de un agresivo cáncer estomacal.

21 DE MAYO – 1987 – GLORIAS NAVALES

La Copa LAN Chile de 1987 tenía un sinnúmero de partidos por jugar, por lo que se aprovechaban absolutamente todas las fechas posibles. Coincidentemente, el 21 de mayo es el día feriado correspondiente a las Glorias Navales de Chile, así que fácilmente los albos se pudieron ajustar a la situación. El rival tenía mucho que ver con la conmemoración, ya que se trataba de Naval de Talcahuano, cuadro que tenía sus orígenes en la Armada de Chile. Al emblemático encuentro fueron 12 103 personas, quienes llegaron hasta el Estadio El Morro para presenciar este encuentro en un día especial y con el Museo Monitor Huáscar a menos de tres kilómetros. Jaime Pizarro, Raúl Ormeño y Cristián Saavedra anotaron los goles con que el Cacique igualó 3-3 con los navalinos.

22 DE MAYO – 1968 – NACE GABRIEL MENDOZA

Gabriel Mendoza nació en la ciudad minera de Sewell, pero su infancia y juventud la pasó en Graneros. Desde temprana edad comenzó su gusto por el fútbol y por Colo-Colo, herencia de su abuelo. Con solo 22 años llegó al Cacique en 1991 tras un gran paso en O'Higgins de Rancagua, siendo en principio uno de los regalones del técnico Mirko Jozic. Permaneció en el Cacique hasta 1995 y luego regresó en 2001. Consiguió los títulos de Copa Libertadores 1991, Recopa Sudamericana 1992 y Copa Interamericana 1992. Además, ganó los torneos nacionales de 1991 y 1993, junto con la Copa Chile 1994.

22 DE MAYO – 1973 – PELOTA Y ARQUERO

Colo-Colo llegaba a la final de Copa Libertadores por primera vez en la historia, enfrentando a Independiente de Avellaneda. Las antiguas finales del torneo se disputaban al mejor de tres partidos, en caso de paridad en los duelos de ida y vuelta se jugaba un desempate. El primer partido se disputaría en cancha de Avellaneda, un reducto complicado que había servido de fortín para el equipo rojo, a esas alturas multicampeón de la competencia. El encuentro sería dirigido por el uruguayo Milton Lorenzo, siempre cuestionado por diversos equipos, y las sospechas no tardaron en aparecer. A la media hora de juego, un balón mal despejado cae casi directamente en las manos del portero albo Adolfo Nef. Sin embargo, Mario Mendoza, uno de los atacantes argentinos, empuja violentamente a Nef ingresándolo directamente al arco, convirtiendo así el primer gol de los locales. El árbitro Lorenzo se hizo el desentendido y la evidente carga sobre el golero quedó sin sanción. A los 69 minutos un centro por izquierda fue impulsado en su propio arco por Francisco Sá, dándole el empate a Colo-Colo. Las rarezas volvieron a aparecer cuatro minutos más tarde cuando Lorenzo expulsa increíblemente al delantero albo, Sergio Ahumada, tras disputar un inofensivo balón en mitad de cancha. Las curiosidades de ese encuentro son recordadas por los hinchas como el Robo de Avellaneda.

22 DE MAYO – 1987 – NACE ARTURO VIDAL

La cuna futbolística de Arturo Vidal es el club Rodelindo Román de San Joaquín, donde inició su carrera en el deporte rey. Tras un paso por las inferiores de Deportes Melipilla, Vidal fichó en Colo-Colo, hasta donde llegó solo con una desgastada bicicleta, que amarraba pacientemente en los portones del estadio. En sus inicios fue apodado Celia, como broma de un paramédico por la suciedad de su cara antes de un entrenamiento. Luego de varios años de esfuerzo, debuta en el primer equipo durante la temporada 2005, permaneciendo en el Cacique hasta mediados de 2007 cuando es transferido al Bayer Leverkusen. El *King* Arturo conquistó con Colo-Colo el Torneo Nacional Apertura 2006, Clausura 2006 y Apertura 2007, con una cincuentena de apariciones en el primer equipo.

22 DE MAYO – 1991 – A UN MORDISCO DE LA GLORIA

En la ida de las semifinales de Copa Libertadores 1991, Boca Juniors había vencido por 1-0 a Colo-Colo en La Bombonera. El duelo de vuelta se jugaba en el Estadio Monumental del Cacique ante una multitud que veía en este encuentro una versión más del clásico Chile vs Argentina. En la cancha había una extraña sensación, Carabineros con perros policiales custodiaban el borde la cancha y una gran cantidad de reporteros gráficos se apostaban en las inmediaciones del rectángulo de pasto. Cuando la igualdad ya se hacía patente, Rubén Martínez empalmó un centro y marcó la apertura de la cuenta a los 64 minutos. Dos minutos más tarde, Marcelo Barticciotto marcaba el 2-0 con un espectacular gol —casi sin ángulo— en el poste derecho del portero Carlos Navarro Montoya. A los 74 minutos, Diego Latorre marcaba el descuento xeneise, haciendo gestos a las tribunas. A los 82 minutos, una jugada personal de Rubén Martínez finaliza con un golazo para el 3-1, consiguiendo diferencia de goles para acceder a la final. Sin embargo, los jugadores argentinos la emprenden contra los peloteros y reporteros gráficos, mientras que los jugadores se suman a la gresca en el centro de la cancha, que obligó a la intervención de Carabineros, incluso un perro policial llamado Rhon le muerde uno de los glúteos a Carlos Navarro Montoya. La pelea finaliza sorprendentemente solo con dos expulsados: Blas Giunta y Patricio Yáñez. Mientras tanto, los hinchas celebran el triunfo, ya solo quedan dos partidos para poder obtener la preciada copa.

23 DE MAYO – 2005 – REMONTADA EN SAN FELIPE

Colo-Colo había llegado hasta el Estadio Municipal de San Felipe para afianzar su desempeño en el Torneo de Apertura 2005, donde había tenido altibajos durante gran parte de la competencia, no logrando afianzar en el puesto al técnico Marcelo Espina. El cuadro rival, Unión San Felipe, era dirigido por Hernán *Clavito* Godoy, había logrado poner en problemas al Cacique con anotaciones de Juan Robledo y José Omar Fuentes. Pese al transitorio empate de Héctor Tapia, los albos caían 1-2 a los 89 minutos de juego. Sin embargo, Jorge Valdivia, hábil volante colocolino, sacó a relucir su talento y marcó el empate durante el último minuto reglamentario, no sin antes dedicar gestos a las galerías del recinto sanfelipeño. Un minuto más tarde, el tablero se daba vuelta, cuando Héctor Tapia decretó de forma increíble el triunfo 3-2 de los albos sobre los aconcagüinos.

24 DE MAYO – 1931 – GOLEADOR SIN INSCRIPCIÓN

Colo-Colo había iniciado con tranco arrollador su participación en la Liga Metropolitana de Santiago 1931. Un contundente triunfo 8-0 sobre Santiago FC le había valido el reconocimiento de todos sus pares, pero luego se había enredado cayendo 2-3 ante el poderoso Green Cross. Los dirigentes se apresuraron a incorporar nuevos elementos. Guillermo Ogaz, hábil delantero apodado Tripa, fue el elegido. Los albos vuelvan a la fiesta en la tercera fecha y vencen 7-1 al Liverpool Wanderers, con dos goles de Ogaz. Sin embargo, la fiesta no es tal y se descubre que Ogaz jugó sin estar debidamente inscrito. Esto genera que una sanción económica le sea aplicada a Colo-Colo y se dictamine el triunfo para el cuadro rival por 1-0.

25 DE MAYO – 1939 – NACE WALTER JIMÉNEZ

Habilidad innata y capacidad goleadora, eran las credenciales que exhibía Walter Jiménez al aparecer en cualquier cancha. Era apodado Mandrake debido a sus mágicas jugadas. Llegó a Colo-Colo en 1963 con solo 24 años de edad, rompiendo la política colocolina de no fichar jugadores extranjeros, que se extendía ya por 19 años. Pese a un comienzo titubeante, poco a poco se fue metiendo en el corazón de los colocolinos a punta de esfuerzo y goles. Fue Campeón del Torneo Nacional de 1963, marcando 8 tantos. Su mejor temporada fue en 1964 cuando logró marcar 15 goles con la camiseta del Cacique.

26 DE MAYO – 1929 – UN LONGKO EN TIERRAS INCAS

Cincuenta años habían pasado desde el inicio de las acciones bélicas de la Guerra del Pacífico que enfrentaron a chilenos y peruanos. Chile continuaba realizando acciones diplomáticas a fin de apaciguar los ánimos en la región. Colo-Colo jugó un rol fundamental, ya que fue invitado a jugar a Lima en el marco del proceso de devolución de Tacna a la administración peruana. Los albos jugaron un tenso partido ante un Combinado de la Federación Peruana, del que participaban

jugadores de Alianza Lima, Association y Atlético Chalaco. Los colocolinos se pusieron en ventaja de 2-0 con goles de Horacio Muñoz y Eberardo Villalobos, pero debieron convivir con la violencia que utilizaban los jugadores peruanos. En el segundo tiempo, los peruanos igualaron el partido 2-2 manteniendo una recuperación en el nivel durante gran parte del encuentro. Los albos terminaron aplaudidos y fueron recibidos posteriormente por el presidente peruano Augusto Bernardino Leguía.

27 DE MAYO – 1990 – ONCE GOLES EN UNA TARDE

La Copa Chile 1990 había incorporado una serie de innovaciones reglamentarias que generaban partidos con muchos goles. Muestra de aquellos es que Colo-Colo convierte 36 goles en solo 14 partidos de la primera fase del torneo. En los cuartos de final se debía enfrentar a Cobreloa en el Estadio Monumental, por lo que los espectadores no se sorprenden con la igualdad 4-4 que se produce durante los 90 minutos reglamentarios. Rubén Martínez, Jaime Pizarro, Sergio Díaz y Rubén Espinoza anotan para el Cacique, mientras que Adrián Czornomaz, Luis Alegría, Camilo Pino y Marcelo Álvarez marcan para los loínos. Al ser partido único se debe jugar una prórroga de 30 minutos, donde dos anotaciones de Ricardo Dabrowski dejan las cosas 6-4 a favor de los albos. Cuando el encuentro se cerraba Álvarez volvió a descontar para sellar el 6-5 final que le otorga el paso del Cacique a semifinales y el récord de goles en un solo partido en Macul.

28 DE MAYO – 2005 – UN REY SIN CORONA

Once largos años habían pasado sin que Colo-Colo enfrentara a Deportes Melipilla en competencias oficiales. La ocasión elegida para volver a enfrentarse fue la última fecha del torneo regular antes de iniciar los *playoffs*. Los albos —ya clasificados— optaron por dar descanso a algunos hombres aprovechando que enfrentaban a un club recién ascendido. El Cacique domina ampliamente el encuentro, pero no logra una gran ventaja sobre la ordenada defensa rival. Recién a los 80 minutos de juego Felipe Flores logra romper la paridad logrando un 2-1.

Un par de minutos después el DT, Marcelo Espina, —creyendo el partido resuelto— decide el ingreso de uno de los jóvenes que estuvo probando en la pretemporada y que precisamente había pasado por las inferiores melipillanas. El elegido es Arturo Vidal Pardo, un delgado volante al que ni siquiera la camiseta le ajusta del todo. Pero no todo fue alegría para el joven debutante, pues a los 90 minutos Felipe Miranda igualó para los potros. Ese día debuta un Rey, pero todavía sin corona.

---

29 DE MAYO – 1965 – NACE MARCELO RAMÍREZ

Las primeras tapadas de Marcelo Ramírez fueron bajo las órdenes de Hernán Herrera en la Escuela de Fútbol Barrabases de San Joaquín. Emulando a Sam y al *Loco* Gatti esperó pacientemente su momento para llegar a la portería de Colo-Colo, donde su padre también era dirigente. Su cabellera y vistoso cintillo hizo que pronto lo apodaran Rambo, un verdadero sello junto a sus acrobáticos vuelos en busca del balón. A pesar de debutar en la década de los ochenta, logra la titularidad solo a mediados de la década del noventa, siendo parte de una época dorada en cuanto a nombres. Su palmarés cuenta la obtención de Copa Libertadores 1991, Recopa 1992, Interamericana 1992. También consiguió el Torneo Nacional 1986, 1989, 1991, 1993, 1996, 1997C y 1998. Las ediciones de Copa Chile 1985, 1988, 1989, 1994 y 1996

---

29 DE MAYO – 1973 – EL SHOW DE ARPHI FILHO

La vistosa campaña de Colo-Colo en Copa Libertadores 1973 desató un enfervorizado entusiasmo por la suerte del Cacique. Sin embargo, la final estuvo cargada de sinsabores. En la final de ida, un injusto empate 1-1 en Avellaneda con un desastroso arbitraje del uruguayo Milton Lorenzo ponía la tarea en la final de vuelta, esta vez dirigida por Rómulo Arphi Filho. En dicho partido los albos buscan la manera de poder romper el juego asociado de los argentinos. Ocurre lo esperado y Carlos Caszely logra atravesar las líneas del rojo abriendo la cuenta. Pero no contaban con el arbitraje del cuestionado brasileño, quien extrañamente anula el tanto para algarabía de los trasandinos.

El resultado se sella sin goles lo que lleva el partido a Uruguay, para un desempate en campo neutral.

29 DE MAYO – 1991 – DEFENSORES DEL CHARRO

Luego de 18 años, Colo-Colo volvía a instalarse en una final continental, debiendo medirse con Olimpia para determinar al Campeón de Copa Libertadores 1991. En Asunción, los albos buscarían dar el primer gol en la serie. El trámite de partido cuenta con la pierna fuerte de los paraguayos, que acostumbrados a sus inexpugnables pastos buscan conseguir nuevamente el cetro de campeón continental. Es más, hasta los camilleros dejan caer con fuerza a los jugadores chilenos cuando estos salen lesionados. En la cancha el trámite es irregular, interrumpido por las expulsiones de Virginio Cáceres y Rubén Martínez. En las tribunas los hinchas disfrutan arrojando frutas locales a la cancha y en TV, Alberto Foullioux bromea por la presencia de un grupo de mariachis: "Al parecer tendremos que rebautizar el estadio. Más se parece al Defensores del Charro".

30 DE MAYO – 1926 – EL FIN DE LOS INVENCIBLES

El primer año de existencia de Colo-Colo había terminado en lo alto de las ligas amateur de Santiago. El gran rendimiento del Cacique había hecho que fueran calificados como 'invencibles', ya que todavía no perdían un partido. Al menos no en las precarias condiciones en las que se había caído en Chillán. Esta vez el rival era Santiago Wanderers, quien hacía frente a los albos. Los porteños desarman la planificación alba y le propinan un 1-3 a Colo-Colo. Las caras largas y la sorpresa se apoderan de jugadores, dirigentes e hinchas. Al parecer los nóveles hinchas albos se habían acostumbrado a ganar y no soportaban la primera derrota. "Qué querían? Que no perdiéramos nunca un solo partido", declaraba el defensor Víctor Morales tras el encuentro.

31 DE MAYO – 1925 – UN PRESAGIO INGLÉS

Poco más de un mes había transcurrido desde la inauguración de Colo-Colo Football Club. Los albos habían dedicado su tiempo a entrenar y a compenetrarse en el proyecto del nuevo club. El mal tiempo no permite a los albos debutar en la Liga Metropolitana ante Barcelona, por lo que se recalendariza el debut para el 31 de mayo frente al English. Los albos salen a la cancha a disputar su primer partido oficial de Liga. Los capitanes se saludan afectuosamente, Grand por los ingleses y Arellano (David) por los albos. La oposición de los ingleses dura muy poco y, al cabo de los 90 minutos, el Cacique había pasado por encima con un contundente 6-0, liderado por los goles de David Arellano (4) y Clemente Acuña. Los ingleses felicitan efusivamente el desempeño de los albos y le pronostican un futuro prometedor.

JUNIO

1 DE JUNIO – 1918 – NACE NORTON CONTRERAS

Para Antonio Labán nunca hubo dudas, Norton Contreras fue el mejor jugador que vio en una cancha de fútbol. El emblemático presidente de Colo-Colo siempre admiró al nacido en las áridas tierras de Aguas Blancas, pueblo cercano a Antofagasta, y criado en las calles del barrio San Eugenio en Santiago. Luis Armando Contreras debutó en el Cacique en 1939 y se quedó en el club hasta 1946 como un gran *insider* izquierdo, siendo considerado uno de los primeros canteranos surgidos del club. Su talento lo llevó también a jugar en Argentina y México. Durante su paso por los albos marcó 57 goles y consiguió los títulos de Primera División 1939, 1941 y 1944.

1 DE JUNIO – 1961 – NACE RUBÉN ESPINOZA

Tras ser descubierto cuando defendía a la selección de Cañete en un Nacional Amateur, viajó 500 kilómetros desde su natal Tomé, a bordo de una Citroneta, para llegar a Santiago y probar suerte en el fútbol. El destino hizo que finalmente recalara en Universidad Católica y diera la vuelta larga para llegar al Cacique en 1989. En los pies de Espinoza, Colo-Colo supo de alegrías y de tristezas. Tremendas alegrías con tiros libres maravillosos y 25 goles. Pero también con tristeza tras desperdiciar un penal en la definición ante Vasco da Gama en 1990. Sin embargo, Espinoza se transforma en ícono en la Copa Libertadores 1991, marcando cinco goles importantísimos para

conseguir el más importante título internacional del club. Consiguió además los títulos de Primera División 1989, 1990 y 1991; Copa Chile 1989 y 1990.

2 DE JUNIO – 1994 – LLEGA DON NACHO

Se viven días convulsionados en el Cacique, luego de la salida del DT, Vicente Cantatore, y el interinato de Eddio Inostroza. Se necesita un entrenador con gran experiencia para tomar la dirección técnica. La directiva de Eduardo Menichetti se decide por Ignacio Prieto, quien llega a la cabina técnica, al igual como la había hecho su hermano Andrés en la década del sesenta. Una igualdad 2-2 ante O'Higgins marcó su debut en la segunda rueda del torneo. Su campaña se extiende hasta el fin de la temporada consiguiendo la Copa Chile 1994 tras superar precisamente a O'Higgins en una recordada definición a penales.

3 DE JUNIO – 1990 – LA ÚLTIMA COPA DE SALAH

La Copa Apertura Digeder de 1990 llegaba a su fin. Universidad Católica se medía con Colo-Colo en la definición por el título. Ambos equipos disputaban palmo a palmo cada una de las competencias desde mediados de la década de los ochenta. En la cancha la situación estaba muy disputadoa Los albos vencían 2-1 a los cruzados con goles de Sergio Díaz y Ricardo Dabrowski; sin embargo, el descuento de Rodrigo Barrera dejaba todo en suspenso. Cuando faltaba un minuto para el final del encuentro, Gerardo Reinoso anotó el 2-2 mediante lanzamiento penal, forzando al alargue. A los 109 minutos de juego, Javier Margas marcó para el Cacique y desató el carnaval finalizados los 30 minutos de alargue. El equipo celebró la obtención del trofeo frente a su enconado rival, al mismo tiempo que el DT, Arturo Salah, celebraba con mesura el que será su último trofeo en el Cacique.

4 DE JUNIO – 1939 – DEBUT DEL SCORER DOMÍNGUEZ

El fútbol profesional chileno está convulsionado. Unión Española anuncia su retiro del torneo a raíz de problemas internos derivados de la Guerra Civil Española. Los hispanos solo juegan su primer partido contra Colo-Colo usando el nombre de Central. El retiro de los rojos provoca la liberación de sus jugadores. El técnico albo, Nicolás Lombardo, necesitaba poder goleador en el equipo a pesar de tener a Norton, Sorrel y al *Rata* Rojas. Así, decide ir por uno de los valores libres de los rojos de Santa Laura llamado Alfonso Domínguez. El talquino debuta el 4 de junio ante Green Cross en el Estadio Nacional y aprovecha la ocasión para sellar la victoria 4-1 con un gol. Algo que se repetirá 134 veces a lo largo de su carrera en el Cacique.

5 DE JUNIO – 1991 – LA NOCHE MÁS LINDA

Hay noches maravillosas e inolvidables como esa del 5 de junio de 1991, que quedará marcada a fuego para los colocolinos. Esa noche el Cacique se coronó campeón de Copa Libertadores al superar por 3-0 a Olimpia en el Estadio Monumental ante 66 517 personas. Luis Pérez en dos ocasiones —a los 12 y 17 minutos— y Leonel Herrera —a los 84 minutos— sellan la victoria de los dirigidos de Mirko Jozic. Al ritmo de Sopa de caracol de Banda Blanca se celebra hasta altas horas de la madrugada la épica conquista del fútbol chileno. En las calles no hay colocolinos, cruzados, loínos o chunchos. Simplemente es un triunfo de Chile. El plantel de oro está conformado por Daniel Morón, Rubén Espinoza, Lizardo Garrido, Javier Margas, Eduardo Vilches, Miguel Ramírez, Marcelo Barticciotto, Raúl Ormeño, Ricardo Dabrowski, Jaime Pizarro, Rubén Martínez, Marcelo Ramírez, Juan Carlos Peralta, Leonardo Soto, Gabriel Mendoza, Sergio Verdirame, Patricio Yáñez, Sergio Salgado, Luis Pérez, Raúl Castro, Leonel Herrera, Alfredo Oteíza, Aníbal Valdivia, Milton Flores y José Letelier.

6 DE JUNIO – 1973 – NOCHE TRISTE EN MONTEVIDEO

Luego de igualar en el global de las dos finales, Colo-Colo e Independiente debieron definir el título de Copa Libertadores 1973 en el Estadio Centenario de Montevideo. Más de 50 000 personas llegaron hasta la capital uruguaya para presenciar el encuentro. Quien se lleva todas las miradas es Sergio Catalán, el Arriero de Los Andes, quien acompaña a los albos tras hallar a los supervivientes uruguayos de la Tragedia de Los Andes de 1972. Los dirigidos de Luis Álamos saltan a la cancha y hacen frente a los rojos de Avellaneda. Mario Mendoza abre la cuenta para los argentinos a los 25 minutos, pero 14

minutos después, una genialidad de Carlos Caszely deja el marcador en paridad. El encuentro se ve nuevamente arrastrado a una prórroga donde Miguel Ángel Giachello marca el definitivo 2-1 a favor de Independiente. En los albos reina de la desazón, pues estuvieron muy cerca de conseguir el preciado título, en gran parte con errores propios e increíbles decisiones arbitrales. Al parecer, fuera de la cancha también había un partido que jugar.

7 DE JUNIO – 1967 – UN CHAMACO SORPRENDE A GATTI

Racing Club, Universitario de Deportes y River Plate eran los rivales de Colo-Colo en la Grupo A de la ronda semifinal de Copa Libertadores 1967. Todo había comenzado con una dura derrota en Perú ante los estudiantiles por 0-3, lo que había dejado muy preocupados a los albos. El primer partido en Santiago era nada menos que contra el popular River Plate. La fría noche de junio convocó a solo 34 369 personas en Ñuñoa, quienes temían por las tapadas de Gatti, los regates de Delém y los goles del *Pinino* Más. Sin embargo, Francisco *Chamaco* Valdés tenía una sorpresa preparada y sorprendió a Hugo Orlando Gatti con un precioso 'globito' que desató el aplauso y selló el triunfo 1-0 sobre el sorprendido elenco argentino.

8 DE JUNIO – 1938 – UN RESULTADO TENÍSTICO

El luto aún reinaba en el equipo albo. La repentina muerte del exdefensor Víctor Morales Salas —a los 33 años— tenía muy apesadumbrados a directivos, jugadores e hinchas. Luego de una irregular Copa de Apertura llega el momento del debut en el Torneo Oficial. Trece goles fueron los que se marcaron esa tarde de miércoles en el Estadio Carabineros. El Cacique se medía ante Bádminton en la cancha policial en el debut del torneo oficial 1938. Sin embargo, los albos se ven sorprendidos cuando Gustavo Pizarro les anota a los 5 y 6 minutos de juego, dejando el marcador 0-2 en favor del Rodillo, luego se suscita una guerra de goles. Para los albos marcan Tomás Rojas (2), Carlos Arancibia (2), Arturo Carmona y Evaristo Flores (2). Los aurinegros no se quedan atrás con otro tanto de Pizarro, dos goles de Francisco Miranda y un gol de Felipe Saldívar. El conteo final de la goleada: Colo-Colo 7 - Bádminton 6.

9 DE JUNIO – 1991 – CRUZADOS POCO CABALLEROS

Las celebraciones del título de Copa Libertadores 1991 aún estaban patentes en la gente. Un sinnúmero de homenajes, cenas, entrevistas y muchas otras actividades mantenían muy ocupados a los albos luego de aquel miércoles glorioso. Pero se acercaba el domingo, el Torneo Nacional continuaba y debían enfrentar a Universidad Católica. Los albos intentan aplazar el encuentro para privilegiar el descanso de sus jugadores, pero los rivales se niegan tajantemente. Molestos por la situación, los colocolinos deben acatar la decisión y enfrentar a los cruzados pese al cansancio. Sin embargo, los dirigidos de Mirko Jozic se dan un nuevo festín y golean 4-1 al club universitario. Los cansados Rubén Martínez (2), Leonel Herrera y Marcelo Barticciotto imponen sus términos sobre los de la franja.

10 DE JUNIO – 1982 – CUATRO VECES CON LA COPA

Titubeante había sido el inicio de Colo-Colo en la Copa Polla Gol 1982. Tres derrotas consecutivas habían puesto en jaque las opciones de la escuadra de Pedro García. Luego de derrotar al Deportes Arica de *Chamaco* Valdés en los cuartos de final, los albos llegaron a la liguilla final con Cobreloa, Universidad Católica y Universidad de Chile. En dicha definición, jugada en el Estadio Nacional, los colocolinos vencen 1-0 a los loínos, 3-1 a los azules y en el partido final derrotan 2-0 a los cruzados. Un autogol de Pablo Yoma y un tanto de Severino Vasconcelos desatan la celebración de la cuarta Copa Chile conseguida por los albos.

10 DE JUNIO – 2000 – UNA DERECHA EN CALCETINES

El invierno penquista asolaba las frías tardes sureñas. En el estadio de Avenida Collao, Colo-Colo enfrentaba a Deportes Concepción, ambos buscando mantener el invicto que arrastraban en el torneo local. Sin embargo, Sebastián González estaba inspirado, anotando para el Cacique a los 31 y 59 minutos de juego. Lo anecdótico fue que uno de los goles fue marcado tras gran jugada de Marcelo Barticciotto, quien perdió uno de sus zapatos y lanzó el centro en calcetines, capitalizado con una espectacular palomita de Chamagol.

11 DE JUNIO – 1970 – NACE MIGUEL RAMÍREZ

Fruto de las divisiones inferiores colocolinos. La carrera en el profesionalismo de Miguel Ramírez parte en julio de 1988 cuando debe debutar, ya que las fechas de Copa Libertadores hacen que los albos deban usar una mixtura de suplentes y juveniles en el duelo frente a Deportes Iquique. Conocido por su bajo perfil y buen rendimiento en la cancha, logra rápidamente ser citado al primer equipo con regularidad, siendo parte de los planteles de Colo-Colo hasta 1995. Año en que sale transferido al extranjero. Vuelve a Colo-Colo en 2004 para finalizar su carrera, transformándose en capitán del equipo y regalando un golazo ante Everton que aún es recordado. En el Cacique obtuvo la Copa Libertadores 1991, Recopa 1992 e Interamericana 1992. Además, los títulos de Primera División 1989, 1990, 1991 y 1993. Copa Chile 1989, 1990 y 1994.

12 DE JUNIO – 1987 – ESTACIÓN CAMPINAS

El antiguo formato de Copa Libertadores enfrentaba a dos clubes por país en su fase de grupos. En el caso de la edición 1987, el Cacique se mide con Cobreloa, Guaraní Campinas y Sao Paulo. Luego de caer en el inexpugnable Calama por 0-1, los albos se fueron a Brasil para enfrentar a los dos clubes paulistas. La albos cosechan un empate 0-0 ante Guaraní y una increíble victoria 2-1 sobre Sao Paulo. La vuelta en Santiago iniciaba el 12 de junio con un encuentro frente al elenco verde de Campinas. Un precioso tiro libre de Jaime Pizarro y una gran jugada personal de Hugo Rubio desataban la alegría de los albos que se quedaban con la victoria 2-0. Pese a los esfuerzos, los loínos serían los clasificados ya que finalizan el grupo en el primer puesto.

13 DE JUNIO – 1963 – DIABLO CONOCIDO

No es fácil para nadie romper con una tradición de casi veinte años. Era lo que pensaban los dirigentes de Colo-Colo cuando, nerviosos de ser opacados futbolísticamente, decidieron contratar nuevamente jugadores extranjeros. Walter Jiménez valía claramente lo pagado a Independiente y llegaba el momento de demostrarlo frente a su exequipo. El DT albo, Hugo Tassara, sin embargo, estaba en la encrucijada, pues el domingo 15 de junio se debía medir ante

Universidad de Chile, equipo que llevaba 27 fechas invicto. Francisco Valdés y Mario Moreno definitivamente no se visten y son reservados para el duelo dominical. Toda la responsabilidad cae en Jiménez y en un hábil centro delantero que esperaba su oportunidad: Juan Liberona. Raúl Savoy y Tomás Rolán adelantaron a los diablos rojos, pero cuando se pensaba en la debacle, apareció la cabeza de Jiménez para conectar un centro de Bernardo Bello. Cinco minutos más tarde, el propio Liberona conecta con la frente para sorprender a *Pepé* Santoro, decretando la igualdad definitiva.

14 DE JUNIO – 1927 – ADIOS EUROPA, CUIDA A DAVID

La Gira Internacional de Colo-Colo tenía su última parada futbolística en Europa en las Islas Baleares. El juego del equipo chileno dejó encantado al público de Palma de Mallorca tras un vibrante estreno con una goleada 5-2 sobre el club local Real Sociedad Alfonso XIII. La revancha del duelo se juega el día martes 14 de junio que, pese a ser día laboral, logra acaparar la atención de una gran cantidad de espectadores. A pesar de los esfuerzos de los palmesanos por revertir la imagen del primer partido, los albos logran una nueva victoria, esta vez por 3- 2 con anotaciones de Guillermo Subiabre (2) y Horacio Muñoz. Este será el último *match* de Colo-Colo en el viejo continente antes de iniciar el regreso a Sudamérica.

15 DE JUNIO – 1947 – LESIÓN CON RETORNO

En el Estadio Independencia, ante 14 758 espectadores, se enfrentan Colo-Colo y Green Cross por la quinta fecha del torneo de Primera División. El árbitro Francisco Rivas tiene problemas para contener a los jugadores que viven el partido al filo del reglamento; sin embargo, el Cacique se ponía en ventaja con gol de Pedro Hugo López a los 48 minutos de juego. En una de las acciones, el colocolino López y el pije Mario Carmona salen visiblemente lesionados. Cuando ambos equipos pensaban que la brega continuaría con diez jugadores por lado, vino la sorpresa. Luego de cuatro minutos de dolor —y casi inconsciencia— Carmona vuelve a la cancha y, ocho minutos después, milagrosamente hace lo propio López, pero solo aguanta cinco minutos.

16 DE JUNIO – 2007 – VENIDO DEL PLANETA GOL

Volver a repetir la brillante temporada 2006 era una necesidad para Colo-Colo. El equipo que había reencantado a los hinchas volvía a tener la oportunidad de coronarse campeón. Esta vez, Universidad Católica hacía todo lo posible para evitar el título albo y lo seguían de cerca. En la lodosa cancha del Estadio Monumental los albos debían derrotar a Palestino para poder celebrar. La portería del golero árabe, Felipe Núñez, estaba cerrada para los embates albos hasta que vino el desahogo a los 76 minutos de juego. Humberto Suazo, haciendo gala de su capacidad goleadora, logra capitalizar el definitivo 1-0, convirtiendo su tanto número 18 en el torneo.

17 DE JUNIO – 2012 – UN CLÁSICO EN SILENCIO

Los incidentes producidos por la hinchada alba en el Estadio Bicentenario de la Florida ante Audax Italiano habían determinado una grave sanción que consistía en comenzar jugando los *playoffs* sin público. Frente a los albos estaba la Universidad de Chile de Jorge Sampaoli, reciente campeón de Copa Sudamericana. Sin embargo, el Cacique aprovecha su localía y en el pasto de Macul logra una épica victoria sobre los azules. Un golazo de media distancia de Esteban Paredes y una vistosa jugada personal de Bryan Rabello decretan el triunfo por 2-0. Sin embargo, hay tristeza, puesto que Paredes es expulsado tras cometer una falta al centro del campo, en lo que sería su despedida del Cacique antes de ser transferido al fútbol mexicano.

18 DE JUNIO – 1929 – REGRESO POLÉMICO

Enemistados, lesionados y hastiados, así fue el regreso del Cacique en su primer viaje al Perú. Luego de sucesivas escalas en el norte del país, los ánimos no estaban para grandes recibimientos ni para preguntas al arribo a Valparaíso y luego a Santiago. El saldo de la primera visita al país incaico había estado definitivamente al debe con cuatro actuaciones, de las que se desprenden tres empates y una abultada derrota. En Santiago, Óscar González es sancionado por un año y otros jugadores con algunos meses. Los problemas internos de Colo-Colo incluso hacen perder la ocasión de una visita del Chelsea inglés que se encontraba en Argentina.

19 DE JUNIO – 1987 – OTRA VEZ POR POCO

Colo-Colo enfrenta a Sao Paulo en el Estadio Nacional. Los albos tienen que vencer a los brasileños para poder acceder a la siguiente ronda del torneo, ya que Cobreloa supera a los albos en la tabla. En el Morumbí, los albos habían superado 2-1 a los paulistas, por lo que los dirigidos de Cilinho buscaban el triunfo con ansias para limpiar la mala imagen que habían dado a su público. El árbitro argentino, Carlos Espósito, prevé un partido tranquilo, pero ya a los 25 minutos el brasileño Manu ve la primera tarjeta roja de la noche. A los 39 minutos, el Cacique se pone en ventaja con gol de Juan Gutiérrez. Sin embargo, Tanguerina iguala solo cuatro minutos más tarde. A los 68 minutos, Neto marca el 2-1 con un gol olímpico a Roberto Rojas. Un penal inexistente sobre Arturo Jauregui hace calentar los ánimos, incluso un hincha ingresa a la cancha e increpa al juez del partido. Todo se complica cuando Hugo Rubio cae dentro del área y el árbitro pita penal cuando solo faltan diez minutos. Jaime Vera anota el 2-2 desde los doce pasos y los brasileños invaden la cancha ofuscados. La refriega termina con dos expulsados más y el *match* finaliza.

20 DE JUNIO – 1973 – FLOTA CACIQUE

Una vez que pasa la pena por perder la final de Copa Libertadores, los albos deben enfrentar un apretado calendario de partidos pendientes por el torneo local. Mientras tanto, en agradecimiento por la gran campaña, el gobierno de Allende decide impulsar un proyecto de los jugadores de Colo-Colo, quienes desean formar una cooperativa de transporte. La diputada Gladys Marín es la encargada de presentar la formula en el Parlamento, pues la idea es que se entreguen facilidades a los jugadores albos para adquirir camiones de la marca Pegaso. El embarque de la Flota Cacique queda programado —luego de varios retrasos— para arribar el 15 de septiembre de 1973. No obstante, el destino quiso otra cosa.

21 DE JUNIO – 1955 – NACE JUAN CARLOS ORELLANA

La historia de Juan Carlos Orellana parte en Green Cross cuando su hermano Raúl lo lleva a probar suerte. Luego de debutar y transformarse en goleador del club temuquense, es contratado por

Colo-Colo. El relator Hernán Solís lo apoda el Zurdo de Barrancas por sus orígenes en la actual comuna de Pudahuel. Poseedor de un extraordinario disparo y un talento innato para poner efecto al balón, se transformó rápidamente en uno de los goleadores del equipo con 72 goles en su paso por el Cacique entre 1974 y 1980. Además, anotó el primer gol oficial de Colo-Colo en el Estadio de Pedreros en 1975. Fue campeón de Primera División 1979.

21 DE JUNIO – 1958 – NACE RAÚL ORMEÑO

Nacido en Temuco a fines de la década del cincuenta, siempre demostró gran responsabilidad y liderazgo. Pocos saben que pensó en ser sacerdote, pero su destino era el balón. Empezó como puntero en las inferiores, pero fue mutando hasta transformarse en volante, posición en la que debutó en 1975. Ormeño estuvo dotado siempre de un carácter imponente y una pierna fuerte que varios conocieron. Permaneció en Colo-Colo hasta 1991 cuando se despidió bajo los vítores de los hinchas, tras haber ganado la Primera División. Desarrolló su carrera únicamente en el Cacique, actuando como capitán por varios años, heredando los colores de su jineta para la posteridad. Ganó los torneos de Copa Libertadores 1991; Primera División 1979, 1981, 1983, 1986, 1989, 1990 y 1991; Copa Chile 1981, 1982, 1985, 1988, 1989 y 1990.

21 DE JUNIO – 1981 – NACE MIGUEL RIFFO

Fanático del Cacique desde sus primeros años. El sueño de Miguel Augusto Riffo siempre fue jugar en Colo-Colo. Sin embargo, a los 14 años los diagnósticos médicos le auguraban un temprano retiro a causa de un pie bot de nacimiento que probablemente no le permitiría ser profesional. Pese a las malas noticias, el ánimo de Riffo no decayó y se transformó en uno de los mejores de su generación. Debutando en 2001 y quedándose en el club hasta 2010, convirtiéndose en uno de los defensas centrales con mejor rendimiento en la historia del club. Ganó los títulos de Primera División 2002C, 2006A, 2006C, 2007A, 2007C, 2008C y 2009C.

22 DE JUNIO – 1988 – UN GOLEADOR DE ALTURA

La Copa Chile 1988 lleva a los albos a viajar hasta El Salvador para medirse con Cobresal. En el Estadio El Cobre —a 2400 msnm— los albos debían luchar contra la altura y contra el buen equipo que tenían los mineros. Los esfuerzos de los albos no pudieron impedir que un hábil delantero local les propinará dos tantos, desatando la algarabía de los hinchas locales. Ese delantero era Iván Luis Zamorano Zamora, quien ya hacía sus armas en la Primera División y que 15 años más tarde vestiría oficialmente la casaquilla del Cacique.

23 DE JUNIO – 1944 – UN CACIQUE DE ALLEGADO

Durante 1944 Colo-Colo se hace el ocupante más habitual del Estadio Nacional. Esto hace que los dirigentes del Cacique busquen sellar un acuerdo con la administración del recinto deportivo. La idea de los directivos es que el plantel albo se concentre en el recinto, de forma de facilitar toda la logística y representar también un ahorro importante para el club. El 23 de junio se inaugura dicho pabellón de concentraciones con todas las comodidades que un equipo profesional necesitaba como dormitorios, salas de estar, comedores, entre otras. Al parecer las nuevas instalaciones surgen efecto porque Colo-Colo golea 9-3 a Santiago National, tras su primera concentración en el campo de Ñuñoa.

24 DE JUNIO – 2005 – EL CACIQUE A LA BOLSA

La crisis desencadenada tras la quiebra de 2002 había originado que el Cacique estuviese intervenido en una sindicatura por casi tres años. Los dirigentes habían estudiado varias ideas para reflotar a Colo-Colo desde la crítica situación económica. La idea que gana más adeptos es la de crear una sociedad anónima de forma de controlar al club mediante una concesión, la que finalmente se traduce en un contrato de treinta años. La apertura en bolsa se produce el 24 de junio de 2005 cuando el gerente George Garcelon y el director José Miguel Barros dan un vistoso inicio a las operaciones albas en la Bolsa de Santiago.

25 DE JUNIO – 1961 – SET Y PARTIDO

Colo-Colo debía defender el título conseguido en 1960, pero todavía estaba muy lejos del rendimiento esperado. A pesar de vencer a O'Higgins en la primera fecha, aún no lograba consolidar el juego, y Everton era el próximo rival. La confianza de los hinchas está puesta sobre un joven que sorprendió a todos por su aparición en el equipo del Cacique, su nombre es Francisco Valdés. En el Estadio Nacional los hinchas aún se acomodaban en sus asientos cuando Chamaco anotó su primer tanto oficial en el Estadio Nacional. Al cabo de un rato Jorge Toro adelanta a los albos, pero rápidos contraataques de los viñamarinos Manuel Rojas y José Giarrizzo logran igualar el duelo. A los 78 minutos, Valdés vuelve a encausar a los albos y anota otro tanto histórico al marcar el gol nuúmero 1500 de Colo-Colo Primera División. El 3-2 desata el vendaval y llegan los tantos de Juan Soto, Bernardo Bello, Luis Hernán Álvarez logrando el 6-2 definitivo sobre Everton.

26 DE JUNIO – 2008 – DÓLARES Y CAFÉ

La gran campaña del Cúcuta Deportivo durante el Torneo Finalización 2006 de la liga colombiana y la edición 2007 de Copa Libertadores genera una gran impresión en toda Sudamérica. Blas Pérez, Roberto Bobadilla y Macnelly Torres son los nombres más llamativos del equipo. Colo-Colo rápidamente pone sus ojos sobre Torres, mediocampista de solo 22 años, y consigue hacerse de su carta por 2,5 millones de dólares. La contratación genera un revuelo en el verano de 2008, dejando entrever que a mediados de año se producirá su arribo a Macul. El jueves 26 de junio llega el momento y el Cacique presenta a su nueva joya, la contratación más costosa hasta ese entonces para Colo-Colo.

27 DE JUNIO – 2010 – DE EDMONTON A MAGALLANES

Colo-Colo había recorrido Norteamérica en varias ocasiones, pero todavía no llegaba a Canadá. En dicho lugar, los albos vencieron en dos ocasiones al Edmonton FC (4-3 y 2-0) en partidos disputados en la ciudad homónima. Pese a la superioridad del Cacique ante sus rivales canadienses, ahora tenía la oportunidad de medirse ante un equipo de mayor jerarquía como el Vitoria brasileño. Los dirigidos de Hugo Tocalli nuevamente marcaron diferencias y superaron 2-0 al equipo de Salvador de Bahía con goles de Ezequiel Miralles y Macnelly Torres. La gira colocolina finalizó dos días más tarde en Toronto con una igualdad 4-4 ante el Toronto FC Academy.

28 DE JUNIO – 2006 – LA TARDE MÁGICA DE MATÍAS

Colo-Colo había sufrido mucho para superar a Universidad de Concepción en las semifinales del Torneo Apertura 2006. Ahora llegaba el momento de enfrentar la final del torneo y se daba la final ideal con Universidad de Chile. El primer encuentro se debe jugar en día miércoles en el Estadio Nacional. Los albos deben buscar reemplazo para el capitán David Henríquez, que había sido expulsado ante los penquistas, mientras los azules cifraban sus esperanzas sobre el ya veterano Marcelo Salas. Todo parecía ir mal para los albos cuando, a los 14 minutos, el colombiano Herly Alcázar vence a Claudio Bravo, decretando la ventaja para los azules. El reloj avanza y a los 54 minutos viene la oportunidad para los albos gracias a un tiro libre, donde Colo-Colo tiene a un especialista: Matías Fernández. El balón cruza la barrera y se aloja en un rincón del arco de Miguel Pinto. Cuando todos sellan el empate, una vez más, Fernández comienza una jugada y, luego de un par de enganches, clava fuerte el balón a un costado del arco de Pinto. El reloj marca los 90 minutos de juego y los albos se han quedado con la primera final del torneo.

29 DE JUNIO – 1939 – UNA MANITO DE DOMÍNGUEZ

Hay resultados que ni el más optimista cree que se puedan dar, y pasó justamente en un clásico entre Colo-Colo y Magallanes. Los albos habían jugado cinco partidos y en todos consiguiron marcar más de tres goles. La reciente contratación, Alfonso Domínguez, ya comenzaba a hacerse un nombre. Pitazo inicial y Domínguez desata su show con tres goles en solo 21 minutos de partido. Más tarde Norton Contreras anota el cuarto y Domínguez consigue el quinto. Eduardo Chamorro descuenta para los carabeleros y se piensa en la recuperación magallánica, sin embargo, Domínguez consigue el quinto personal y luego Enrique Sorrel con Juan Vergara decretan las

nueve cifras. Ese día se produce la goleada más amplia de los albos con un récord que permanece hasta 1995.

30 DE JUNIO – 1977 – NACE JUSTO VILLAR

En las canchas de su natal Cerrito en Paraguay comenzó a dar muestra de un talento innato. Siempre apostó a ser arquero, pero por un momento pensó en ser sacerdote. Hincha de Guaraní y número puesto en la selección paraguaya desde 1999, alternando con el gran José Luis Chilavert. Llega a Colo-Colo a mediados de la temporada 2013 para aportar su experiencia al equipo que aún está en transición luego de dos temporadas horribles. En su debut contiene un penal y rápidamente se gana el cariño del hincha. Permanece en el club hasta mediados de 2017, donde logra los títulos de Primera División 2014C y 2015A; Copa Chile 2016. Además, es nombrado el Mejor Deportista Extranjero de las temporadas 2014 y 2015.

JULIO

---

1 DE JULIO – 1962 – POSTMUNDIAL

Cuando pasan solo dos semanas del término del Mundial de 1962, llega el momento en que los albos deban volver a la realidad futbolística. Esta vez será enfrentando a Boca Juniors en duelo amistoso. En los mismos pastos donde Garrincha alcanzó la gloria con la selección de Brasil, ahora los albos debían medirse ante los xeneises. Colo-Colo vivía momentos complicados para conformar su plantel, incluso teniendo que cancelar un amistoso con el poderoso AC Milán, ya que había dejado ir a Jorge Toro y aún esperaban por la vuelta de Misael Escuti, Caupolicán Peña, Luis Hernán Álvarez, José González, Juan Soto y Bernardo Bello. Una vez más, Francisco Valdés debía tomar las riendas del equipo. Pese a ser incisivo en sus ataques, Colo-Colo no pudo contra los goles de Menéndez, Valentim y Grillo y solo en los pies de Chamaco encontró un descuento. El Cacique debía rearmarse tras el letargo mundialista cuanto antes.

---

2 DE JULIO – 2006 – CAMPEÓN EN TU CARA

En la ida un 2-1 dejaba abierta la llave por la final del Torneo Apertura 2006. Colo-Colo y Universidad de Chile habían emparejado sus fuerzas camino al partido de vuelta. En el Estadio Nacional más de 62 000 personas esperaban pacientes el desenlace entre albos y azules. A los 70 minutos, Luis Pedro Figueroa marcaba la ventaja para la U mientras los colocolinos no podían llegar al gol. El pitazo

de Rubén Selman, finalizado el tiempo reglamentario, llevaba todo a los penales. Matías Fernández, Humberto Suazo y Gonzalo Fierro marcan sus respectivos lanzamientos, mientras que Luis Mena falla frente a Miguel Pinto. En el bastión azul marcan Marcelo Salas y Luis Pedro Figueroa, mientras que Hugo Droguett y Mayer Candelo fallan ante Claudio Bravo, que se luce, sobre todo, frente al disparo del colombiano que intenta conectar a lo Panenka. El último penal queda a responsabilidad de Miguel Aceval, quien sirve su penal con nervios de acero, desatando el carnaval en todo Chile. Caía la estrella número 24 del firmamento colocolino.

3 DE JULIO – 1988 – EL MEJOR PARTIDO DE HUGO

Semifinales de Copa Chile 1988 y Colo-Colo se juega su opción frente a Universidad Católica. Una igualdad 1-1 en la ida deja abierta la llave pese a que los cruzados se habían impuesto en los penales, dándole ventaja deportiva. Al partido asisten 47 641 espectadores, quienes esperan impacientes el inicio del encuentro. El Cacique marca el único tanto de esa noche, a los 34 minutos, por medio de Hugo González, quien en esa tarde juega uno de sus mejores partidos. Al finalizar el encuentro, el delantero cruzado, Osvaldo Hurtado, le reclama airadamente al árbitro Víctor Ojeda, al igual que gran parte de los jugadores y dirigentes rivales. Pero Colo-Colo fue superior y clasifica con justicia a la final del torneo.

4 DE JULIO – 1920 – NACE FRANCISCO HORMAZÁBAL

Aguas Blancas, en Antofagasta, fue su primer hogar antes de viajar hasta la capital para continuar con su vida. Muy joven llegó hasta Colo-Colo para iniciar su carrera en el equipo albo. Su debut en el primer equipo colocolino se produce en 1941, un año bastante especial por el invicto con que campeona el equipo. Permanece en el equipo colocolino hasta 1949 conquistando la Primera División 1941, 1944 y 1947. Tras el retiro asumió como entrenador del Cacique en 1949 como interino, pero luego en 1970-71 como entrenador titular, donde consigue el torneo de 1970.

5 DE JULIO –1948 – NACE MANÉ PONCE

El argentino Ramón Héctor Ponce siempre registró gran talento y capacidad innata de juego. Apodado Mané, en alusión a Garrincha, transitó por varios clubes trasandinos como Boca Juniors, Gimnasia de La Plata, Quilmes, entre otros, hasta llegar a Colo-Colo. Al Cacique llega a mediados de 1976, quedándose hasta principios de 1981. En su paso por el cuadro albo llega a marcar 45 goles, consiguiendo además el título de Primera División 1979.

5 DE JULIO – 1950 – NACE CARLOS CASZELY

El nombre de Carlos Humberto Caszely significa para cada uno de los colocolinos uno de los máximos ídolos de la institución. Originario del prolífero barrio San Eugenio, llegó a las inferiores de Colo-Colo cuando solo era un niño. Debutó de manera oficial en el primer equipo en 1967 y se mantuvo en el equipo hasta 1973 cuando es transferido al fútbol español luego de una magistral campaña en Copa Libertadores. Parte de los recursos generados con su venta se utilizan para terminar parte de la primera etapa del Estadio Monumental. Regresa al Cacique a fines de 1978 y permanece en el club hasta su retiro en 1985. Es el goleador histórico de Colo-Colo con 208 goles convertidos usando la camiseta alba en 373 partidos. Su palmarés incluye los títulos de Primera División 1970, 1972, 1979, 1981 y 1983; Copa Chile 1981, 1982 y 1985.

5 DE JULIO – 1960 – NACE HUGO RUBIO

Desde Talca brotó el talento del delantero Hugo Eduardo Rubio. Proveniente de un linaje futbolístico conformado por su abuelo y su padre Idelfonso Rubio —posteriormente, sus hijos Eduardo y Diego también defendieron la camiseta colocolina—. Luego de pasar por Rangers, Cobreloa y Málaga recaló en el Cacique en 1986 cumpliendo una gran campaña que lo devolvió a Europa en 1988 y entregando dinero vital para que el Cacique pudiese terminar el Estadio Monumental. En los albos marcó 51 goles y obtuvo los títulos de Recopa 1992; Interamericana 1992; Primera División 1986, 1991, 1993 y 1996; Copa Chile 1988, 1994 y 1996.

6 DE JULIO – 1988 – VUELTA OLÍMPICA ANTE UNIÓN

La Copa Digeder de 1988 fue sin lugar a dudas disfrutada por los hinchas de Colo-Colo. Los albos habían tenido un buen desempeñó durante el torneo dejando fuera a buenos equipos como Cobresal y Universidad Católica. En la final, la Unión Española de Héctor Pinto esperaba por los albos. El encuentro es muy parejo y las porterías de Morón y Yávar no se ven vulneradas por lo que se recurre al tiempo suplementario. Recién a los 97 minutos de juego, el recién ingresado, Juan Gutiérrez, convierte la cifra que le da el trofeo a los albos, que celebran por sexta vez la obtención de la Copa Chile.

7 DE JULIO – 2007 – LA TEMPRANA PARTIDA DE MENICHETTI

Eduardo Menichetti había llegado al directorio de Colo-Colo como vicepresidente en 1987 luego de efectuar labores de delegado de la institución en la ACF (actual ANFP). Asumió la presidencia del club entre 1991 y 1994, conduciendo al Cacique por una de las épocas doradas de la institución, logrando tres torneos internacionales y tres torneos locales. Desarrolló un gran trabajo en la inmobiliaria del estadio y, durante su período al mando del club, fomentó la creación de ramas deportivas. Figura presente e ineludible de la actualidad del Cacique, siempre estuvo presente cuando la contingencia lo requirió, hasta su repentina muerte en 2007 a causa de un agresivo cáncer de colon.

8 DE JULIO – 1933 – COMO COLOCOLITO NO HAY

Mientras el primer equipo de Colo-Colo preparaba una gira a Perú, la reserva del Cacique disputaba la Copa Apertura 1933, primer torneo organizado de características profesionales en Chile, que servía de antesala para el inicio de la Liga Profesional. Los reservas, nombrados cariñosamente como Colocolito, vencen a Santiago National en la primera fase y luego igualan con Magallanes en el duelo de semifinales, por lo que se debe jugar un desempate. Los suplentes albos no se guardan nada y vencen 3-1 a los carabeleros, que se sorprenden del nivel de sus rivales. Los goles albos son anotados por Alberto Bravo, Guillermo Valdivia y Luis Carvallo.

9 DE JULIO – 1989 – EL GRITO DEL POLACO

La Copa Digeder 1989 era la perfecta oportunidad de Colo-Colo para reencantar a su público. El desastroso rendimiento en el torneo oficial de 1988 había tenido al Cacique, por momentos, al borde del despeñadero. La recuperación había llegado gracias al talento de Sergio Díaz y al destape goleador de Ricardo Dabrowski. Universidad Católica esperaba en la final en la fría tarde de julio. El Polaco Dabrowski soluciona tempranamente el encuentro con un certero cabezazo para superar a Patricio Toledo, en lo que sería la cifra definitiva. Una vez más, el Cacique se quedaba con el título de la Copa Chile y esta vez alcanzaba el bicampeonato.

10 DE JULIO – 2003 – UN TRAGO AMARGO EN EL LIMARÍ

Un nuevo formato de competencia internacional aparecía en Sudamérica tras la extinción de la Supercopa, Copa Conmebol y Copa Mercosur. El nuevo trofeo se iba a llamar Copa Panamericana, pero finalmente se le nombra como Copa Sudamericana y se convertirá en un símil —de tamaño menor— a la Copa Libertadores. En Chile, los cupos se entregarían mediante una liguilla. Colo-Colo es sorteado para enfrentar a Deportes Ovalle, club del ascenso, en la cuarta región. Lo que se preveía como una fácil tarea para los albos no es tal; a los 18 minutos de juego, los colocolinos caían por 0-3. La sorpresa es mayúscula, pero Jaime Pizarro tenía algunas sorpresas, como la inclusión de un joven volante que ese día haría su debut oficial en las canchas: Matías Ariel Fernández. Es el propio Fernández quien marca el descuento y luego dos anotaciones de Juan Pablo Úbeda igualaron el marcador 3-3. En la prórroga el Cacique repite sus errores y Javier Barraza vence nuevamente la portería de Claudio Bravo, decretando el definitivo 3-4 que clasificó a los ovallinos.

11 DE JULIO – 2006 – NIÑO MARAVILLA

Los periodistas y reporteros gráficos se amontonan en la sala de prensa del Estadio Monumental, Colo-Colo presentará a su más novel figura en la historia. Con solo 17 años, Alexis Sánchez se presenta ante las cámaras. El hábil jugador es todo un descubrimiento luego de deslumbrar en Cobreloa. Es adquirido por el Udinese italiano,

pero antes piensan en foguearlo en un club grande antes de llegar a Europa. Con permiso notarial de por medio, los albos se hacen con los servicios de Sánchez por un año. En su paso por el Cacique, el Niño Maravilla marca 9 goles y obtiene los trofeos de Primera División 2006C y 2007A.

12 DE JULIO – 2009 – LLEGA ESTEBAN

Notables campañas en Santiago Morning posibilitan la llegada de Esteban Efraín Paredes a Colo-Colo. Todo esto luego de arduas negociaciones e incluso una amenaza de retiro por parte del futbolista. Llegaba el día del debut y el rival era inédito, ya que el Cacique se enfrentaba por primera vez de forma oficial con Curicó Unido, puesto que el club blanquirrojo vivía su primera temporada en Primera División. El trámite del encuentro es muy parejo y el debutante Paredes no puede marcar diferencias. Sebastián Páez pone en ventaja a los torteros, pero cuando el partido expiraba, un autogol del defensor Sebastián Morquio marca el definitivo 1-1.

13 DE JULIO – 1969 – UNA GOLEADA CON ALTURA

Luego de finalizar el Torneo Metropolitano 1969, Colo-Colo se encontraba realizando una gira por Bolivia, preparando ya el inicio de la etapa nacional del torneo. La aparición de clubes chilenos que jugaran en altura todavía no era habitual, por lo que era desconocida la situación que se iban a encontrar en el país altiplánico. En sus dos primeros duelos en La Paz (3577 msnm), los albos habían cosechado una derrota y un empate frente a la selección boliviana (1-2) y ante The Strongest (1-1), destacando la actuación del mundialista Leonel Sánchez, quien se unió como refuerzo. Sin embargo, el 13 de julio los colocolinos debían medirse ante Ferroviario en Oruro (3731 msnm). A pesar de las duras condiciones ambientales, Colo-Colo demuestra buen fútbol y le propina una goleada de 7-2 al club boliviano de camiseta azul. Carlos Caszely y Elson Beyruth son las figuras del encuentro ante los sorprendidos bolivianos. En 2008, Colo-Colo jugará su partido a mayor altura al medirse con el Real Potosí a 3899 msnm.

14 DE JULIO – 1995 – EN LAS TIERRAS DE FIDEL

Luego de 68 años, Colo-Colo volvía a Cuba. Las tierras que cobijaron a David Arellano y sus rebeldes en 1927 ahora acogerían al equipo de Gustavo Benítez. Aprovechando la detención por Copa América, los albos llegaron hasta La Habana para realizar una pretemporada antes de reiniciar el torneo. Luego de arduas sesiones de entrenamiento bajo el sofocante calor de la capital cubana, los colocolinos enfrentan a la selección nacional de Cuba. Las diferencias entre ambos equipos son importantes, ya que el desarrollo futbolístico cubano es bastante menor. Los albos se adelantan en el marcador con goles de Marcelo Vega y Hugo Rubio. Sin embargo, los caribeños logran descontar por medio de Osmín Hernández. El resultado final es un 2-1 en favor de Colo-Colo. La visita es bastante provechosa, ya que se dejarán incluso nexos con médicos deportólogos, que luego se unirán al club como Rafael Gutiérrez.

15 DE JULIO – 1934 – EL PRIMER PÓKER

La Primera División 1933 había dejado a los albos como subcampeón del torneo. El primer certamen profesional en Chile no había estado ausente de algunos problemas y críticas, por lo que se espera que en la segunda edición sean corregidos los puntos conflictivos. Se incorporan nuevos equipos y ahora serán doce los clubes que buscarán el título. No obstante, muchos de estos equipos aún eran amateurs, por lo que Colo-Colo golea fácilmente en varias de sus presentaciones. El 15 de julio los albos se miden ante Ferroviarios y logran el objetivo, convirtiéndole ocho tantos al golero rival. El goleador colocolino Luis Carvallo consigue anotarse en los récords, al transformarse en el primer jugador del Cacique en anotar cuatro goles en un partido profesional.

16 DE JULIO – 1967 – DOS MIL ABRAZOS

Tarde de domingo y 25 322 personas asisten al duelo entre Colo-Colo y Rangers de Talca. Los albos buscaban consolidar puestos de avanzada en el torneo local a costa de su rival talquino. Los hinchas aún no se sentaban cuando Elson Beyruth marcó la apertura de la cuenta. Luego Víctor Zelada, Francisco Valdés y Orlando Aravena

marcan para completar la goleada 4-0. Sin embargo, los colocolinos desconocían un récord, puesto que el gol de Zelada fue el tanto número 2000 de Colo-Colo en torneos nacionales.

17 DE JULIO – 1977 – CLÁSICO GOLEADOR

Fecha 14 del Torneo Nacional y un nuevo clásico acapara la atención del fútbol chileno. En la cancha, Colo-Colo y Universidad de Chile se miden ante 54 336 personas. Ramón Héctor Ponce y Luis Díaz adelantan al Cacique, pero Eduardo Peralta logra el descuento. Sin embargo, un autogol de Manuel Pellegrini deja la cuenta 3-1, antes del final de la primera etapa. En el segundo tiempo comienza la recuperación de la U, que por medio de Alberto Quintano y Jorge Neumann logra igualar el marcador. Juan Carlos Orellana contrataca decretando el 4-3 a favor de los albos. Cuando faltaba un minuto para el final, repite *Mané* Ponce dejando todo 5-3. Tres minutos más tarde, Jorge Luis Ghiso marcaba el descuento definitivo. Al final, un 5-4 que se convierte en el partido entre ambos con mayor cantidad de goles.

18 DE JULIO – 1927 – EL CACIQUE VUELVE A CHILE

Colo-Colo vuelve a Chile luego de la Gira Internacional que lo llevó por Ecuador, Cuba, México, España, Portugal, Uruguay y Argentina. El saldo es positivo en lo deportivo, pero nada puede abstraerse de la pérdida de la vida de David Arellano. El ferrocarril los trae desde Argentina, ya que el arribo al continente se produce desde el Océano Atlántico. La noticia del arribo de los albos hace que cientos de personas se vuelquen a las estaciones ferroviarias para saludar a los jugadores, como ocurre en Los Andes y luego en la Estación Mapocho. Los colocolinos son recibidos con tremendo entusiasmo y las muestras de cariño son sobrecogedoras, al dejar bien puesto el nombre del país.

19 DE JULIO – 1925 – EL PRIMER CLÁSICO ANTE MAGALLANES

Poco más de tres meses habían pasado desde que los rebeldes se escindieron de Magallanes, por esa razón, la noticia del partido entre ambos acaparó la atención. La Liga Metropolitana era la ocasión para enfrentarse a sus excompañeros. Campos de Sports era el escenario del encuentro, donde se produce un festival de patadas entre ambos equipos, ya que también se estaba jugando el orgullo. Incluso el portero albo Eduardo Cataldo recibe un par de patadas estando en el suelo. Colo-Colo gana 2-0 con goles de Luis Contreras y David Arellano. Es el propio capitán colocolino quien debe aquietar los ánimos entre carabeleros y albos. Ese día comenzaba el primer clásico del Cacique.

19 DE JULIO – 1988 – EL MEJOR VOLANTE DE CORTE DEL MUNDO

La revista *France Football* publica su tradicional *ranking* de jugadores correspondiente a la temporada 1987-88. La sorpresa radica en que un futbolista chileno aparece en el equipo ideal, se trata de Jaime Pizarro, de gran campaña en la Copa América 1987 y con un notable desempeño en Colo-Colo, con casi un centenar de partidos en Primera División. Pizarro supera a Ibrahim Hassan (Egipto), Lothar Matthäus (Alemania) y Jan Wouters (Holanda). El equipo ideal queda conformado por Nacerdine Drid (Argelia), Josimar (Brasil), Frank Rijkaard (Holanda), Nelson Gutiérrez (Uruguay), Jaime Pizarro (Chile), Carlos Valderrama (Colombia), Alekséi Mijailichenko (URSS), Rud Gullit (Holanda), Diego Maradona (Argentina), Roger Milla (Camerún) y Marco Van Basten (Holanda).

20 DE JULIO – 2002 – UN NUEVO CONTINENTE

Cruzando el Océano Pacífico, el plantel de Colo-Colo llega hasta Australia para disputar una serie de amistosos. La primera parada es en Parramatta a las afueras de Sídney. En el primer partido los albos enfrentan a la selección olímpica de Australia ante cerca de seis mil espectadores, muchos de ellos eran parte de la amplia colonia chilena en el país. En la cancha los albos imponen sus términos y derrotan 1-0 a los Socceroos. El gol colocolino lo anota Miguel Riffo a los 49 minutos de juego.

21 DE JULIO – 1990 – RECONCILIACIÓN BRASILEÑA

El Maracanazo de la selección chilena, que había ocurrido en 1989, había calentado mucho los ánimos entre Chile y Brasil. Inclusive los hinchas chilenos protestan afuera de la embajada brasileña, elevando el problema casi a ribetes diplomáticos. Por eso era necesario realizar un gesto de reconciliación entre las naciones, por lo que se organiza un cuadrangular entre los clubes más populares de ambos países. Flamengo, Sao Paulo, Universidad de Chile y Colo-Colo se reúnen en el Estadio Nacional. En el primer duelo el Cacique iguala sin goles con Sao Paulo y luego el 21 de julio se enfrenta a Flamengo. Marcelo Barticciotto y Rubén Martínez marcan los goles del triunfo sobre los cariocas que se viven con gran alegría por los hinchas del Cacique.

22 DE JULIO – 1974 – NACE FRANCISCO ROJAS

En la bella ciudad de La Serena nace el talento de Francisco Rojas, uno de los defensores más queridos del club, recordado por su apodo: Murci. En 1994 es contratado por Colo-Colo y se queda en el club hasta 1996 cuando es transferido a España. Luego de un breve paso por el Tenerife, vuelve al Cacique y se queda hasta 2001. En las filas albas celebra los títulos de Primera División 1996, 1997C y 1998; Copa Chile 1994 y 1996.

23 DE JULIO – 1933 – DOS PARTIDOS, DOS PAÍSES

El primer equipo de Colo-Colo viaja a Perú, mientras que la reserva se queda en Chile para enfrentar el Torneo de Apertura. Esa simbiosis da una extraña conjetura, ya que los albos deben enfrentar dos partidos en un mismo día, pero en países distintos. En la capital peruana, los albos se miden ante Alianza Lima, pero son apabullados con un denigrante 1-8, propiciado por una serie de lesiones. En los santiaguinos Campos de Sports, afortunadamente la situación era distinta, los colocolinos vencen 2-1 a Unión Española, coronándose campeones de la Copa de Apertura de la Liga Profesional chilena.

24 DE JULIO – 1927 – EL REGRESO DE LOS INTERNACIONALES

La Gira Internacional de Colo-Colo había finalizado y el plantel se encontraba ya en Santiago desde hacía algunos días. Luego del ajetreado recibimiento, llegaba el momento de medir los progresos albos en una cancha de fútbol. El rival elegido es una mixtura entre Audax Italiano y Unión Española. En Campos de Sports se reúnen más de 10 000 espectadores, que quedan al borde de las lágrimas al ver a salir a los Enlutados, tal como se conoció al equipo desde ese momento. La exhibición del Cacique se completa con un 4-0 sobre el combinado de colonia. Los goles son anotados por Guillermo Subiabre, Humberto Moreno y José Miguel Olguín (2).

25 DE JULIO – 2009 – TRIPLETA DE GOLEADOR

Esteban Paredes vivía días agitados en su llegada a Colo-Colo. La prensa comenzaba a ver por fin su faceta goleadora, ya que el 17 de julio marca su primer gol en la victoria 2-1 sobre Deportes La Serena. Una semana más tarde vendría la confirmación de su instinto letal en el arco rival, cuando le anota tres goles a Universidad de Concepción en Collao. Su primer triplete defendiendo al Cacique. El registro de Paredes es singular, puesto que, al mismo arquero penquista, Federico Elduayén, ya le había marcado cuatro goles en un mismo partido en marzo de 2009, pero cuando aún defendía a Santiago Morning.

26 DE JULIO – 1947 – ESE CHICO MALDITO

La cancha de Independencia es una caldera pese al frío invierno de 1947. Casi 13 000 personas copan las tribunas para ver el duelo entre Colo-Colo y Unión Española. El Cacique, con tranco arrollador, venía de ocho duelos invictos. Pero en la cancha la figura era un joven hispano de 24 años nacido en Punta Arenas que, pese a su baja estatura, era la figura del encuentro: Atilio Cremaschi. Los defensores albos impedían que el Chico entrara en juego y en la constante refriega este se molestó y golpeó al colocolino Rosamel Miranda. Al rato, Jorge Peñaloza cobraría venganza sobre Cremaschi, quien terminó retorciéendose en el suelo. En el placard, el encuentro finaliza 1-1 de Hernán Lozano (UE) y Juan Aranda (CC). Seis años más tarde,

Cremaschi llegaría a Colo-Colo, convirtiéndose en referente del cuadro popular.

27 DE JULIO – 1986 – UNA EXTRAÑA CAMISETA

Colo-Colo y Universidad Católica se miden al mediodía en el Estadio Santa Laura, horario ideal para los hinchas que se acercaban al campo de Plaza Chacabuco en una multitud cercana a las 25 000 personas. Sin embargo, los albos preparan una sorpresa, pues entrenan en la capital una singular camiseta listada con ribetes rojos y azules, al más puro estilo del Bahía brasileño. Jaime Vera pone en ventaja a los colocolinos a los 37 minutos, pero Atilio Marchioni iguala a los 66 minutos. Más tarde vendría la sorpresa, pues el canterano Eduardo Gallo —de solo 19 años— marca el definitivo 2-1. La prensa titula: "Asoma un astro en Colo-Colo".

28 DE JULIO – 1999 – UN CLÁSICO INTERNACIONAL

La Copa Mercosur vivía su segunda versión y esta vez Colo-Colo, Universidad de Chile y Universidad Católica participaban en el torneo, ya que el sistema de ingreso era mediante logros y situación actual de los equipos. Esto originaría un hecho singular, puesto que azules y albos se medirían por primera vez de forma oficial en un torneo internacional, tras salir sorteados en el mismo grupo. Todo comenzaba en el Estadio Nacional, donde los dirigidos de Nelsinho Baptista iban a buscar el triunfo ante los universitarios. A los 42 minutos, Sebastián González abre el marcador y, recién iniciado el segundo tiempo, un autogol de Marcos González decreta el 2-0 definitivo en favor del Cacique, que demuestra también su paternidad a nivel internacional.

29 DE JULIO – 1901 – NACE DAVID ARELLANO

A las tres de la tarde del lunes 29 de julio, doña Rosario Moraga da a luz un nuevo retoño. El nombre escogido es David Alfonso y causa alegría entre sus vecinos de la Calle Covadonga en Santiago. Su infancia transcurre entre el ruido de trenes proveniente de la Estación Central. Se forma como maestro y se convierte rápidamente en un eximio futbolista. A temprana edad ya integraba equipos universitarios y oficialmente del club más popular de Santiago por esos años: Magallanes. Sin embargo, ideas de David se contraponen con la situación actual del fútbol santiaguino. De esta manera, junto a un grupo de magallánicos escindidos, termina fundando Colo-Colo. En el Cacique logra conseguir la Liga Metropolitana 1925 y la Copa de Campeones 1925.

30 DE JULIO – 1997 – UN CRUZEIRO EN EL CAMINO

Las lluvias habían dejado muy lodosa la cancha de Macul, pero los colocolinos la conocían bien, así que sería también una ventaja para enfrentar a Cruzeiro, rival en semifinales de Copa Libertadores. En la ida en Belo Horizonte se habían impuesto los celestes por la cuenta mínima, por lo que el resultado estaba abierto. El delantero Ivo Basay se transforma en figura y anota un triplete sobre los brasileños, pero los descuentos de Marcelo y Cleison empujan a una terrible definición a penales. En los disparos desde los doce pasos, fallan Basay y Espina, mientras que los rivales convierten todos sus disparos. Los colocolinos mastican la rabia de perder la opción de poder jugar la tercera final de Copa Libertadores. Para muchos recordar el 30 de julio de 1997 debe ser uno de los peores episodios de la vida como hincha del fútbol.

31 DE JULIO – 1927 – BIENVENIDO SU EXCELENCIA

Las diez mil personas que reúne Colo-Colo en su debut en Santiago, tras la Gira Internacional, generan un entusiasmo único que llega inclusive hasta los altos niveles políticos de Santiago. Esta vez, el mismísimo presidente de la República, Carlos Ibáñez del Campo, concurre a los Campos de Sports para entregar un reconocimiento a los albos por su labor en el extranjero. El trofeo es entregado por Ibáñez a Guillermo Saavedra y en medio del respetuoso homenaje le dedica la siguiente frase: "Este premio que recibe el Colo-Colo, servirá también de estímulo a las instituciones deportivas del país". Una vez más, los colocolinos se lucen venciendo —aunque en menor cuantía— por 3-1 a un combinado de la Liga Central. Los goles son anotados por Guillermo Subiabre, Óscar González y un tercer autor desconocido.

AGOSTO

1 DE AGOSTO – 1937 – OCHO JUGADORES EN CANCHA

Tarde de domingo en el Estadio Santa Laura y los directivos del Bádminton están impacientes, ya que solo cuentan con siete jugadores para iniciar el encuentro con Colo-Colo. El juez lanza el pitazo inicial, mientras —durante los primeros 15 minutos— se completa poco a poco el equipo rival. En ese momento el Cacique aprieta el acelerador y comienza con los fulminantes ataques sobre la portería del golero Germán Droguett, que luego será reemplazado por Jorge Mella. El resultado final es un 7-2 sobre el rodillo con goles de Amadeo San Juan, Carlos Arancibia (3), Arturo Carmona y Enrique Sorrel (2).

1 DE AGOSTO – 1980 – NACE ESTEBAN PAREDES

Desde Cerro Navia surge el talento de Esteban Efraín Paredes Quintanilla. La sorpresa para él fue mayúscula cuando el exfutbolista, Marcelo Pacheco, lo descubrió y lo invitó a unirse a las filas de Santiago Morning. Debuto en el 2000 y al año siguiente marcó su primer gol por el Chaguito. Luego de probar suerte en Puerto Montt, Universidad de Concepción, Pachuca Juniors y Cobreloa, se mantuvo en los bohemios por dos temporadas hasta que los equipos grandes comenzaran a intentar adquirir su pase. Colo-Colo gana la apuesta y se hace de los servicios del goleador en 2009. En 2012 vuelve al fútbol mexicano y en 2014 vuelve al Cacique para sellar su exitosa carrera. En los albos Paredes logra conseguir los torneos de Primera

División 2009C, 2014C, 2015A, 2017T; Copa Chile 2016 y 2017; Supercopa de Chile 2017 y 2018. Su exitosa carrera la corona en 2019 cuando consigue superar a Francisco Valdés con el récord goleador de Primera División, llegando a los 216 en la división de honor.

2 DE AGOSTO – 1988 – FRANJA POLÍTICA

Dos meses faltaban para el plebiscito nacional de 1988 en Chile, lo que decidiría si el régimen de Pinochet continuaba hasta 1997 o se llamaba a elecciones democráticas libres. Colo-Colo, sin embargo, tenía otras preocupaciones, como el traspaso de Hugo Rubio y la Copa Libertadores. Es en este último torneo donde los albos deben visitar Venezuela para enfrentarse al Sport Marítimo y Deportivo Táchira. El primer encuentro se juega en el Estadio Brígido Iriarte de Caracas y los chilenos residentes —muchos de ellos exiliados por la dictadura— deciden concurrir al campo y realizar una efusiva protesta contra Augusto Pinochet. En la cancha, los albos ganan por la cuenta mínima con gol de Raúl Ormeño. Los colocolinos celebran junto a los hinchas, pero muchas de las fotos del momento no son publicadas en Chile, dadas las pancartas y lienzos con la palabra "No". Dos días después se produce una situación anecdótica, ya que las azafatas de una línea aérea local acusan a los jugadores albos de robarse los salvavidas del avión. Entre molestia y risas los albos continúan su viaje hacia San Cristóbal para medirse ante Deportivo Táchira.

3 DE AGOSTO – 2000 – TRES GOLES A ROGÉRIO

Colo-Colo enfrenta a Sao Paulo en el debut por la Copa Mercosur 2000 en el Estadio Monumental. Los dirigidos de Fernando Morena buscaban empezar con el pie derecho el torneo continental. Los paulistas presentaban un equipo mixto, pero con buenas figuras como Rogério Ceni, Edmilson, Juliano Beletti, el exalbo Claudio Maldonado, entre otros. El partido comienza muy bien para los colocolinos, ya que, a los 3 minutos de juego, Carlos Reyes vulnera la portería defendida por Rogério Ceni marcando la apertura de la cuenta. Luego Emerson Pereira —que vivía sus últimos días en Chile antes de ser traspasado— logra anotar en dos ocasiones. Pese al descuento de Franca cuando el duelo terminaba, el resultado queda 3-1.

4 DE AGOSTO – 1994 – EL PRIMERO DE TITO

La generosa cantera de Colo-Colo siempre ha dado numerosos elementos para todos los equipos albos y en general para gran parte de los clubes nacionales. En la Copa Chile 1994 era la ocasión para foguear a un nuevo jugador ascendido, el —hasta ese entonces— mediocampista Héctor Tapia Urdile. Luego de aparecer en varias citaciones y de sumar minutos en el primer equipo, faltaba que llegara el gol. Esto sucede finalmente en el encuentro frente Deportes Antofagasta en el Estadio Regional de la II Región. Miguel Ramírez abre el marcador y, luego de unos minutos, se le suma Héctor Tapia, quien vence la resistencia del portero Néstor Lo Tártaro. Un triunfo 2-0 sobre los antofagastinos y el inicio de una gran carrera como la de Tapia.

5 DE AGOSTO – 1933 – DEBUT EN PRIMERA DIVISIÓN

Luego de una desastrosa gira por Perú, el diezmado plantel colocolino buscaba rearmarse para debutar en el torneo profesional de Primera División. A raíz del viaje, los colocolinos no podrían contar con todos los titulares para el debut. Además, figuras como Guillermo Subiabre, Roberto Luco, Eduardo Schneeberger y Juan Montero se unieron al All Pacific y emprendieron viaje a Europa. Los carabeleros aprovechan la debilidad colocolina y le propinan un 1-3 a los albos. Para en las estadísticas quedan plasmados los nombres de Guillermo Ogaz, como el primer jugador en marcarle al Cacique en Primera División a los 50 minutos de juego, mientras que Alejandro Urra convierte el primer gol de Colo-Colo en Primera División a los 71 minutos.

5 DE AGOSTO – 2009 – IORANA KORUA TATOA

La Copa Chile 2009 buscó ampliar la raíz de participantes e incluyó a 81 equipos, agregando a selecciones locales y equipos regionales. De esa manera se marcaría un precedente de inclusión a nivel nacional. A Colo-Colo le correspondió enfrentar a la selección de Rapa Nui, teniendo que viajar hasta Hanga Roa. Luego de un gran recibimiento y expectación entre los habitantes de la isla, los albos se midieron en el denominado Juego del Siglo ante 3000 personas, en el estadio

ubicado entre las intersecciones de Policarpo Toro y Te Pito o Te Henua, frente a la Playa Pea. El Cacique superó 4-0 a los isleños con goles de Javier Pérez (autogol), Cristián Bogado (2) y Phillip Araos.

6 DE AGOSTO – 1992 – BICHI A LA ALTURA

Claudio Borghi pasaba una racha de siete fechas sin marcar goles. Esto tenía impacientes a los hinchas y más al técnico Mirko Jozic. La incomodidad del Bichi continuaba a raíz de que el partido siguiente era en la altura de El Salvador y el delantero no era muy amigo de los viajes en avión. En la cancha del Estadio El Cobre la suerte se aparece para Borghi, quien marca al minuto de juego, dejando atrás las especulaciones. Sin embargo, Cristian Bravo igualaría el encuentro y pese a que Jaime Pizarro pondría en ventaja al Cacique, todo terminaría empatado con gol de Claudio Álvarez al filo del tiempo reglamentario.

7 DE AGOSTO – 1938 – UN RIVAL AZUL

El 9 de junio de 1935 Colo-Colo y Universidad de Chile se habían enfrentado por primera vez en un amistoso, el que ganaron los albos por 3 goles a 2, pero llegaba el momento de medirse por primera vez de forma oficial. La directiva colocolina había apoyado el ingreso del cuadro universitario al fútbol profesional, por lo que en gran parte había una buena relación entre los dirigentes. En la cancha la superioridad de Colo-Colo era evidente y a los 3 minutos, Manuel Arancibia vencía la resistencia de un joven Eduardo Simián. Luego repetiría y su hermano Carlos aportaría un gol más. Evaristo Segundo Flores sellaría el resultado final 6-0 con un triplete. Ese día comenzaría la historia del que —con el paso de los años— se convertiría en el Superclásico del fútbol chileno.

8 DE AGOSTO – 1957 – NACE ROBERTO ROJAS

Surgido de la cantera del club Aviación, Roberto Rojas es considerado por muchos como el mejor arquero de todos los tiempos en Chile. El talento innato de Rojas lo presenta como un adelantado para la época, con técnicas que lo llevaron rápidamente a pasar a

Colo-Colo, luego a la selección chilena y más tarde a defender al Sao Paulo. En el Cacique debuta en 1982 y se queda hasta 1987 jugando más de 230 partidos, logrando los títulos de Primera División 1983 y 1986, al igual que la Copa Chile 1982 y 1985.

9 DE AGOSTO – 2006 – MATIGOLAZO

Sucesivos temporales de lluvia dejaron en ascuas el debut de Colo-Colo en el Torneo de Clausura 2006. Luego de dos suspensiones del duelo con O'Higgins, la ANFP escogía el miércoles 9 de agosto para jugar el reprogramado encuentro. A los 14 minutos, Humberto Suazo abre la cuenta, pero rápidamente iguala Marco Olea para los rancagüinos. A los 52 minutos se produce uno de los mejores goles que haya visto el Estadio Monumental, cuando Matías Fernández comienza a eludir rivales desde el área propia hasta llegar al área rival y picarle el balón al portero Héctor Barra. Más tarde vuelve a anotar Suazo y la goleada 4-1 la sella Gonzalo Fierro.

10 DE AGOSTO – 1951 – NACE MARIO GALINDO

Emblemático de la banda derecha de la cancha, un indiscutido en la historia de Colo-Colo, es el puntarenense Mario Galindo. Venido desde la Región de Magallanes se transformó rápidamente en titular del equipo albo por su gran velocidad y disposición ofensiva, a pesar de ser un defensor. Debuta en el Cacique en 1971 y se mantiene en el club hasta 1984, con dos salidas intermedias a Everton (1976) y Santiago Wanderers (1983). En el Cacique obtiene los títulos de Primera División 1972, 1979, 1981; Copa Chile 1974, 1981, 1982.

11 DE AGOSTO – 1993 – UN DIABLO BOLIVIANO

Colo-Colo enfrenta la revancha con Vasco da Gama en el Estadio Monumental por la Copa Conmebol 1993. En la ida los brasileños vencen por 2-0, por lo que en la vuelta los albos se disponen a lograr, al menos, equiparar el resultado. A los 2 minutos, Marcelo Vega inaugura el marcador, pero Valdir iguala pasados unos minutos. Luego Hugo Rubio y el mismo Vega adelantan al Popular. Mientras tanto, Patricio Yáñez se lesiona e ingresa como debutante el boliviano

Marco Antonio Etcheverry. A los 71 minutos, Sídney descuenta, dejando en suspenso el marcador. Sin embargo, a los 84' el debutante Diablo marca el 4-2, obligando a la definición a penales. Desde los doce pasos, el Cacique no falla clasificando a la siguiente etapa del torneo.

12 DE AGOSTO – 2012 – PORTERO DE EMERGENCIA

Colo-Colo vive días complicados y Omar Labruna decide ir por el triunfo ante Santiago Wanderers. El inicio del encuentro muestra muy incisivos a los caturros, quienes a los 29 minutos se ponen en ventaja con gol de Eladio Herrera. Finalmente, a los 67 minutos de juego, marca Carlos Muñoz para la igualdad 1-1. Sin embargo, a los 84 minutos —y luego de concretar los tres cambios reglamentarios— el portero venezolano, Renny Vega, es expulsado. Al no quedar con cambios disponibles, es el propio goleador, Carlos Muñoz, quien debe tomar el arco para el penal. El delantero verde Michael Silva envía su remate al palo, por lo que el 'portero' Muñoz deja su valla invicta ante los aplausos de los hinchas colocolinos.

13 DE AGOSTO – 1933 – EL PRIMER TRIUNFO

Colo-Colo se enfrentaba a Bádminton en la segunda fecha del Torneo de Primera División 1933. Luego de la derrota ante Magallanes, los albos buscaban lavar su imagen luego de la vergonzosa caída ante el tradicional rival. Luis Carvallo marca un triplete al favor del Cacique, el primero de los albos en la máxima categoría. En cambio, Juan Becerra se convierte en el primer jugador rival en marcarle dos goles a Colo-Colo en un mismo partido. Lizardo Piña anota de penal para el Cacique, convirtiendo el primer gol desde los doce pasos en favor de los albos. El duelo finaliza con victoria alba por 4-2.

14 DE AGOSTO – 1973 – ESPAÑA QUIERE A CASZELY

Luego de finalizada la Copa Libertadores 1973, los dirigentes del Cacique deciden aceptar algunas de las invitaciones realizadas al equipo. Es así que los albos llegan hasta España para comenzar una breve gira que también los llevará por Portugal. La primera parada es en Alicante para medirse ante el Hércules, pero el Cacique ya comienza a dar muestras de agotamiento por la ajetreada temporada y los españoles se imponen 2-0 con goles de Naggy y Varela, mientras los albos intentan acomodarse al nuevo sistema de juego de Luis Álamos, quien busca perfeccionar el planteamiento del equipo, ya que restan aún muchas fechas del torneo local y también se venía la Copa Mundial de Alemania 1974. Sin embargo, la sorpresa llega cuando se conoce la noticia de que Manuel Grau Torralba, presidente del Levante UD, efectúa una oferta formal a los dirigentes albos por el traspaso de Carlos Caszely.

15 DE AGOSTO – 1990 – CASI CASI

Colo-Colo y Vasco da Gama se disputan el paso a los cuartos de final de Copa Libertadores 1990. Los albos son superiores en la cancha, pero las desconcentraciones comienzan a mermar el ánimo. Los goles de Rubén Espinoza y Marcelo Barticciotto adelantan a los albos en el marcador, pero luego Bismarck y Roberto Dinamita igualan el marcador 2-2. Más tarde, Espinoza marcará el 3-2, pero cuando se piensa que el resultado es definitivo, aparece William para decretar la igualdad 3-3. De ahí viene la definición a penales, donde los albos fallan inmejorable oportunidad en los pies,otra vez, de Espinoza.

16 DE AGOSTO – 1987 – ETAPA PORTUGUESA

La Gira Europea de 1987 inicia en Portugal. A los albos se une Ricardo Dabrowski, flamante refuerzo que viaja a unirse desde Chile, tras ser presentado en Santiago. Colo-Colo juega cuatro partidos en tierras portuguesas. El primero frente a Marialvas en Figueira da Foz con victoria colocolina por 3-0. Lo siguió un duelo contra Estrelha da Amadora con un nuevo triunfo 2-0. El tercer cotejo sería el más fuerte, ya que se enfrenta al Vitória Guimarães con una igualdad 2-2. Se finaliza el 16 de agosto con una victoria 1-0 sobre Académica de Coímbra. El saldo del paso por Portugal es abiertamente positivo y se deja buena impresión en los hinchas locales acerca del nivel chileno. Ahora la gira continuaba por España.

17 DE AGOSTO – 1980 – UN COLO-COLO AMARILLO

No están del todo claras las razones, pero en 1980 Colo-Colo jugó un duelo con camiseta de color amarillo. El detonante de esta decisión sería una discusión en el camarín en Concepción, puesto que los jugadores albos no querían entrar al campo de juego con la habitual camiseta, auspiciada por Cerveza Cóndor, a raíz de las deudas que mantenía la empresa con ellos. A la imposibilidad de conseguir camisetas sin auspicio, se suma otro factor, ya que Lota Schwager, el rival de esa tarde, decide jugar con su camiseta blanca apelando a su localía. Finalmente, desde Deportes Concepción facilitan la camiseta alternativa de club lila, que se convierte en lo más llamativo de esa tarde en que los albos igualan 2-2 ante los carboníferos.

18 DE AGOSTO – 1982 – TÉLEX FALSO

En Liga Deportiva Universitaria quedaron muy sorprendidos cuando llegó una comunicación de Colo-Colo diciendo que no podrían presentarse en Quito para el duelo de Copa Libertadores. La sorpresa es mayúscula cuando los albos arriban con normalidad a Ecuador. Se aclaraba todo: el télex era falso. Pese a esta pequeña anécdota, ambos equipos se enfrentan en el Olímpico Atahualpa ante 30 000 personas. El Cacique parte ganando con goles de Severino Vasconcelos y Carlos Caszely, pero luego LDU empata por medio de José Moreno y Severiano Pavón.

19 DE AGOSTO – 1965 – UNA DESPEDIDA REAL

En 1964, Misael Escuti colgó definitivamente los guantes tras una extensa carrera en el Cacique. Pese a continuar muy cercano al club, se le pensó homenajear de alguna forma. Se aprovechó una nueva visita del Real Madrid a Chile para realizarlo. Los merengues ya habían visitado el país en 1961, por lo que se habían ganado el respeto de los espectadores chilenos, sobre todo por haber traído a genios del fútbol como Di Stéfano y Puskás. Ahora bien, los merengues nuevamente presentaron un buen equipo y vencieron cómodamente por 4-2 a los colocolinos, que a pesar de aquello fueron felicitados por sus rivales. Los goles de los españoles son anotados por Grosso, Gento, Pirri y

Serena, mientras que Jaime Bravo y Walter Jiménez marcan para los colocolinos.

20 DE AGOSTO – 1989 – COBRAS DE EMERGENCIA

Colo-Colo empezaba una nueva Gira Internacional, esta vez recorriendo México. Sin embargo, los problemas comenzaban iniciando los encuentros, ya que Atlante cancela su partido con los albos a última hora. Por esa razón, los colocolinos debieron cambiar el lugar de su debut y llegaron hasta Benito Juárez para enfrentar el club Cobras. El trámite del encuentro fue bastante parejo, pero se terminan imponiendo los mexicanos por 2-1, pero aún faltan duelos y el Cacique comenzaría una travesía por Morelos y Toluca.

21 DE AGOSTO – 1973 – NACE EMERSON PEREIRA

Volante proveniente de Sao Paulo donde había obtenido la Copa Conmebol en 1994. Llegó a Colo-Colo en 1996 para integrarse al equipo de Gustavo Benítez. En el equipo albo logró ser un gran aporte que le llevó a ser transferido al fútbol italiano en 1998. Volvió en 2000 y nuevamente salió transferido a Corinthians de su ciudad natal. En el Cacique jugó 139 encuentros y ganó los torneos de Primera División 1996, 1997C, 1998; y Copa Chile 1996.

22 DE AGOSTO – 1987 – HOMENAJE A DAVID

Colo-Colo enfrenta al Valladolid en el Estadio José Zorrilla por el trofeo de la ciudad. Antes del encuentro, los locales realizan un homenaje a David Arellano, tomando en cuenta que en estas tierras perdió la vida el excapitán y fundador de los albos. Se instala una placa en la sala de conferencias dejando en claro el legado del gran futbolista chileno. En la cancha el Cacique cae 0-3 ante el equipo vallisoletano, que se impone con goles de Manuel Peña, Luis Mariano Minguella y Gabi Moya. El paso por España de los albos había registrado enfrentamientos con el Real Murcia (1-3) y los Pumas de UNAM (2-2).

22 DE AGOSTO – 1993 – UNA FIESTA EN TRAGEDIA

Real Madrid visita Chile por tercera vez en la historia y Colo-Colo nuevamente es elegido entre los rivales para enfrentarlos. En la cancha de Pedreros las entradas se agotan rápidamente para ver en acción también al chileno Iván Zamorano, que viene en la delegación merengue junto a otras figuras destacadas. A la hora del partido, más de 70 000 personas se agolpan en las graderías del estadio y algunos hinchas poco precavidos trepan a los techos del recinto para tener mejor visión. Lamentablemente, aflora la tragedia y cientos de hinchas caen desde el techo tras ceder la estructura. En la cancha, sin embargo, el match no da tregua y el Cacique se impone 2-0 sobre los merengues con goles de Jaime Pizarro y Hugo Rubio. La alegría de haber vencido al conjunto español se opaca con las informaciones que contabilizan 77 heridos y uno de ellos en riesgo vital, que termina falleciendo semanas más tarde.

23 DE AGOSTO – 2001 – CONTRA FORLÁN Y COMPAÑÍA

La Copa Mercosur trae a Diego Forlán, en el meteórico ascenso de su carrera, junto a Independiente para medirse ante Colo-Colo en el Estadio Monumental. Los albos estrenan una singular camiseta listada para la ocasión. Celebran a los 6 minutos cuando Héctor Tapia abre la cuenta para el Cacique. Sin embargo, Rubén Galván marca el empate a los 72 minutos. Poco tiempo después Marco Villaseca anota la ventaja definitiva para los colocolinos, terminando el encuentro en 2-1. A los 64 minutos ambos equipos se quedan con diez jugadores a raíz de un conato que termina con David Henríquez y Diego Forlán expulsados.

24 DE AGOSTO – 1994 – UNA NUEVA COPA CHILE

La Copa Chile 1994 llega a su fin enfrentando a Colo-Colo y O'Higgins en el Estadio Nacional. El encuentro es bastante parejo y finaliza igualado 1-1 con goles de Marcelo Vega y Joel Molina. El trofeo se debe decidir desde los doce pasos. Por Colo-Colo anotan Miguel Ramírez, Pedro Reyes y Marco Antonio Etcheverry, mientras que fallan sus disparos: Marcelo Vega y Toninho. En los celestes marcan Jorge Díaz y Danilo Chacón, pero fallan: Mauro Meléndez,

Mauricio Illesca y Wilson Rojas. Los dirigidos de Ignacio Prieto celebran la obtención de la 9.° Copa Chile.

25 DE AGOSTO – 1957 – NACE LIZARDO GARRIDO

Lo rechazaron en varias ocasiones de la cantera de Colo-Colo, pero no le importó. Volvía e insistía por su sueño. Lizardo Garrido se transformó en estandarte del Cacique buscando siempre su espacio desde que llegó al club. Debutó en febrero de 1979 en el primer equipo y se quedó hasta 1993. Su temple, calma y personalidad lo transformaron en baluarte de la defensa colocolina. En su paso por el Cacique logró los títulos de Copa Libertadores 1991; Recopa 1992; Copa Interamericana 1992; Primera División 1981, 1983, 1986, 1989, 1990, 1991; Copa Chile 1981, 1982, 1985, 1988, 1989, 1990.

25 DE AGOSTO – 1974 – LA ÚLTIMA COPA

La Copa Chile 1974 es especial para los colocolinos porque cierra una etapa en Colo-Colo debido a que, tras su obtención, pasarán cinco largos años hasta que el Cacique vuelva a ganar un trofeo nacional. Si bien el equipo es dirigido casi íntegramente por Orlando Aravena, aún continúa al mando Luis Álamos, quien durante la campaña debió ausentarse por la preparación y desarrollo del Mundial 1974, así como por factores médicos a razón de una rebelde diabetes. Sin embargo, el Cacique gana este torneo gracias a una gran capacidad goleadora, como la que demuestran en la final sobre Santiago Wanderers ante 50 000 personas en el Estadio Nacional. El nivel de los porteños es muy bueno, pero no pueden hacer mucho para contrarrestar los goles de Luis Araneda (2) y Miguel Ángel Gamboa.

26 DE AGOSTO – 1990 – ADIOS SALAH

La salida de Orlando Aravena de la selección chilena hace propicia la llegada de un nuevo entrenador. Arturo Salah venía siendo seguido desde hacía varias temporadas, fundamentalmente por el trabajo que realiza en Colo-Colo desde 1986, un trabajo que no estuvo exento de problemas pero que sí gustaba a los directivos del combinado nacional. La salida de Salah acarrea un problema para el Cacique,

que debe buscar un reemplazante. En este caso el elegido es Mirko Jozic, exdirector técnico de las selecciones juveniles de Yugoslavia y que había estado trabajando en las inferiores albas en 1988. La salida de Salah se concreta tras el partido entre Colo-Colo y Unión Española (1-1), donde incluso recibe las gracias por parte de los directivos del club, poniendo en énfasis el agradecimiento por su exitosa gestión al mando del club popular.

27 DE AGOSTO – 1995 – UNA GOLEADA MONUMENTAL

Ni en el mejor de los sueños del debutante Ivo Basay, pasaba la idea de que Colo-Colo venciera por un marcador tan expresivo en su primer partido con la casaquilla colocolina. Esa tarde, el Cacique le propina un 10-0 a Regional Atacama en el Estadio Monumental. Basay abre la cuenta al minuto de juego y luego repite a la media hora. Marcelo Espina anota una tripleta y la goleada la completan Miguel Ramírez, Fabián Estay, Marco Antonio Etcheverry, Fernando Vergara y Leonel Herrera. Esta goleada se transforma en la mayor convertida por Colo-Colo en torneos de Primera División, y a su vez la más amplia conseguida en el Estadio Monumental.

27 DE AGOSTO – 1997 – VENGANZA ALBA

Los colocolinos aún masticaban la rabia de haber quedado sin la oportunidad de jugar la final de Copa Libertadores 1997. Cruzeiro había privado a los albos de acceder a su tercera final continental. Sin embargo, la Supercopa tenía una revancha para los colocolinos, ya que los albos debían enfrentar nuevamente a los brasileños. Parecía que la historia se repetía, ya que Marcelo y Tico ponían en ventaja a los celestes recién a los 18 minutos de partido. Sin embargo, los albos dan vuelta el partido, venciendo finalmente por 4-2 al cuadro de Belo Horizonte. Para el Cacique anotan Richard Zambrano, José Luis Sierra y un doblete de Ivo Basay. El partido no deja de ser polémico, ya que algunos hinchas arrojan elementos a la cancha, aburridos por las provocaciones de los brasileños, que dos semanas antes habían ganado la Copa Libertadores.

28 DE AGOSTO – 1991 – UN PARTIDO OLVIDABLE

Jugar en la cancha del Real Madrid es el sueño de cualquier futbolista. Por eso, fue una tremenda alegría el día que llegó la invitación merengue para participar del Trofeo Santiago Bernabéu. Pese al agitado calendario que vivían los colocolinos, estos deciden participar, aunque parte de los dirigentes y prensa especializada decía que era mejor opción restarse, dado los altos niveles de cansancio. Es más, Rubén Martínez y Marcelo Barticciotto estaban negociando ya suculentos contratos para partir al extranjero. La previsión se cumple a cabalidad y los albos son goleados inapelablemente por 6-1 en el césped madrileño. Los goles de los merengues fueron marcados por Luis Enrique, Sanchís, Butragueño, Míchel y Alfonso (2). El descuento colocolino es marcado por Rubén Martínez, mediante lanzamiento penal.

29 DE AGOSTO – 2018 – CLASIFICACIÓN EN SAO PAULO

En el Arena Corinthians, Colo-Colo debía pelear su clasificación a Cuartos de final de Copa Libertadores. En Santiago, el Cacique se había impuesto por la cuenta mínima por lo que la opción estaba abierta. El Timãoabre la cuenta a los 16 minutos con anotación de Jadson. Luego, 15 minutos después, vendría un certero cabezazo de Lucas Barrios para darle la igualdad a los albos y entregar el valioso gol de visita que obligaría a los locales a marcos dos tantos más. Los brasileños solo logran conseguir un tanto más por medio de Roger, aprovechando que el defensor Julio Barroso estaba siendo atendido fuera de la cancha. Pitazo final de Néstor Pitana y los más de tres mil hinchas que viajan a Sao Paulo celebran con euforia, ya que los albos vuelven a Cuartos de final después de 21 años.

30 DE AGOSTO – 1953 – ROBLEDO CONTRA EL AZUL

La temporada 1953 era memorable para Colo-Colo y en especial para Jorge Robledo (delantero), quien junto a su hermano Eduardo (mediocampista), vivían sus primeros cotejos en la liga chilena. El atacante brillaba más para los ojos del hincha, ya que seguía cosechando éxitos, habiendo marcado 10 goles en solo 8 apariciones con la camiseta alba. En la fecha 12, más de 40 000 espectadores

asisten al Estadio Nacional esperando ver en acción a este equipo goleador frente a Universidad de Chile. El Gringo no defrauda y abre la cuenta a los 19 minutos de partido. Su socio en delantera, Manuel Muñoz, también anota más tarde y luego repite el mismo Robledo. La goleada 4-0 la sella Juan Aranda a los 70 minutos de juego.

31 DE AGOSTO – 2006 – EL 14 DE LOS BLANCOS

Colo-Colo y Huachipato se enfrentan en el Estadio Monumental para decidir al clasificado a la siguiente ronda de Copa Sudamericana, mientras tanto un diluvio cae en la cancha de Pedrero. Sin embargo, la lluvia beneficia más a los rivales, acostumbrados al severo clima de Talcahuano. En la cancha, los albos se ponen en ventaja con gol de Matías Fernández. Los comentaristas argentinos de la cadena Fox Sports se sinceran, ya que el talento del calerano les hace olvidar un poco el partido. Luego de una espectacular habilitación por medio de una rabona, sale una frase que queda en la memoria de los hinchas: "El 14 de los blancos es un crá", el autor es Juan Pablo Varsky. Sin embargo, los aceros reaccionan y se llevan el partido 1-2, llevando a tanda de penales. Para los albos anotan Matías Fernández, Alexis Sánchez, Arturo Sanhueza, Gonzalo Fierro y Miguel Aceval.

SEPTIEMBRE

1 DE SEPTIEMBRE – 1985 – EL ÚLTIMO GOL DE CASZELY

Con 35 años recién cumplidos, la decisión del retiro para el ídolo Carlos Caszely estaba tomada desde hace algún tiempo. El día elegido sería tras el clásico entre Colo-Colo y Universidad de Chile. Más de 60 000 personas llegan hasta Ñuñoa para presenciar los últimos 90 minutos del goleador con la camiseta colocolina. A los 10 minutos, Jaime Vera abre la cuenta, luego Juan Gutiérrez aumenta para los albos. A los 80 minutos, una jugada de Víctor *Pititore* Cabrera llega a los pies de Caszely, quien define de un zurdazo para vencer al portero azul Jaime Tejeda. Tras el partido, los jugadores azules son los primeros en saludar al ídolo albo, quien cuelga los botines marcando su gol número 208 por Colo-Colo.

2 DE SEPTIEMBRE – 1990 - DOBRODOŠAO MIRKO!

A principios de 1988 había llegado por primera vez a trabajar a Colo-Colo al mando de los programas de formación de jugadores. Luego de cumplir su contrato decidió volver a Yugoslavia (Croacia) por motivos familiares, aunque con la esperanza de haberse quedado más tiempo, ya que en el Cacique había dejado una grata impresión por su gran manera de trabajar. Tras el anuncio de la renuncia de Arturo Salah para unirse a la selección chilena, su nombre era una prioridad para la directiva y llegó para trabajar inmediatamente, luego

de bajar del vuelo 520 de Lufthansa. Dobrodošao Mirko![¡Bienvenido Mirko!]

---

3 DE SEPTIEMBRE – 2011 – EL *WALKIE*-TALKIE

"¡Otra vez no!", reclaman airados los hinchas del Cacique. Los duelos ante Cobresal del 2011 son bastante especiales, ya que ambos generan amplia polémica. En el verano, el duelo jugado en Macul es anulado por mala inscripción de Joan Muñoz, jugador albo que conformaba la banca de suplentes. En el duelo de septiembre vuelven a suceder cosas, ya que el DT,. Ivo Basay, estaba suspendido, por lo que debe quedarse en una caseta del Estadio El Cobre. De vez en cuando usa un *walkie-talkie* para conversar con la banca, hecho que es captado por las cámaras de TV. La situación está al filo del reglamento y el tribunal decide sancionar —en primera instancia— a Colo-Colo con la pérdida de los tres puntos, que había conseguido en cancha con un 2-0 sobre los mineros. Tras la apelación de los albos, se logró mantener el triunfo, pero se le aplicó una multa de 14 000 dólares.

---

4 DE SEPTIEMBRE – 1984 – COPA PROTESTA

Colo-Colo viajó hasta Arica para enfrentar al cuadro local el 2 de septiembre. El duelo finalizado sin goles había congregado a buena cantidad de público, por lo que los albos aceptan una propuesta de Televisión Nacional de Chile para enfrentar al club peruano Coronel Bolognesi el 4 de septiembre, en el mismo césped ariqueño. Tras jugar el partido y vencer por 3-1 a los tacneños, los albos sospechan acerca del partido y se percatan que fueron utilizados por la televisora estatal, ya que ese día se había realizado en Santiago una gran jornada de protestas contra la dictadura. El régimen los había usado para encubrir la cruenta represión que había sucedido a dos mil kilómetros de distancia.

---

5 DE SEPTIEMBRE – 1929 – DAVID VUELVE A CASA

Las apreturas económicas con que los albos habían desarrollado la gira de 1927 habían conspirado para que el cuerpo de David Arellano no pudiese ser repatriado en el momento de su deceso. Luego de arduas negociaciones, encabezadas por el diputado y dirigente Rafael Silva Lastra, se pudo conseguir el objetivo de traer los restos del capitán albo a su tierra natal. El recorrido del cortejo fúnebre convocó a una multitud, que aguardó pacientemente su llegada desde Valparaíso hasta su lento tránsito al Cementerio General de Santiago. En dicho lugar se multiplicaron los homenajes para el eximio deportista antes de depositar su urna en el mausoleo familiar.

6 DE SEPTIEMBRE – 2010 – ESTAMOS BIEN LOS 33

Nadie en Chile queda indiferente al grave accidente sucedido en la Mina San José, ubicada en el norte del país. 33 trabajadores quedaban atrapados en el yacimiento tras un colosal derrumbe. Cuando las esperanzas se desvanecían, un sondaje logra dar con el refugio de los trabajadores, que logran enviar un papel que dice "Estamos bien en el refugio los 33". Con el pasar de los días, la comunicación se hace más fluida, los mineros comienzan a recibir alimentos y también muchos regalos. Al ser consultados por su preferencia futbolística, 20 de los 33 manifiestan ser hinchas de Colo-Colo, por lo que el club gestiona camisetas para todos ellos. Días antes la hinchada del Cacique había desplegado un lienzo con la frase "Resiste Minero".

7 DE SEPTIEMBRE – 1975 – GATO ENCERRADO

El público había sido muy escaso durante la temporada 1975 para todos los equipos. Por lo que sorprende la convocatoria del partido entre Unión Española y Colo-Colo con más de 13 000 personas en las tribunas de Santa Laura. El duelo resulta muy entretenido, pero ambos clubes no logran superarse, dejando invictas las vallas del hispano Enrique Enoch y el colocolino Ángel Cabrera. Ese día se produce una situación bastante anecdótica, puesto que Ricardo Mena es reemplazado por el debutante José *Gato* Bernal en el Cacique. Buenas opiniones surgen del delantero, pero hay algo que preocupa a los directivos, ya que se percatan de que el joven atacante ni siquiera estaba inscrito como futbolista.

8 DE SEPTIEMBRE – 2004 – ADIÓS CIENFUEGOS 41

Construida en 1926, la casona de Cienfuegos 41, ubicada en el centro de Santiago, es un emblema para los colocolinos desde su adquisición en 1954 bajo la presidencia de Antonio Labán. Resistida por los hinchas en un principio, aduciendo que era demasiado elegante para un club popular, se transformó en punto de reunión para generaciones de colocolinos, quienes llegaban al lugar para saludar a los jugadores, comprar entradas o simplemente para conversar con algún colocolino deseoso de compartir la actualidad del club. Sin embargo, la quiebra de Colo-Colo había obligado a poner la casa en remate y el 8 de septiembre 2004 se confirma que el inmueble tenía nuevo dueño. Se trataba de la Universidad Alberto Hurtado, quien adquiere la emblemática casona en solo 280 millones de pesos.

9 DE SEPTIEMBRE – 1992 – PRIMERA PARADA: VILLAHERMOSA

Colo-Colo tenía la oportunidad de sumar un nuevo torneo internacional a sus vitrinas, ya que la obtención de Copa Libertadores 1991 le daba derecho al Cacique para participar de la Copa Interamericana. Esta competencia enfrentaba a los campeones de los principales torneos Conmebol y Concacaf. Por la zona norte del continente el clasificado era el Puebla, campeón de la Copa de Campeones Concacaf 1991, quien debía recibir a los albos en el Estadio Olímpico de Villahermosa, ya que no pudo conseguir la autorización de la federación local para usar el Estadio Cuauhtémoc. En el partido los albos son una aplanadora y Marcelo Barticciotto se viste de goleador marcando en tres ocasiones en la portería franjeada. Héctor Adomaitis le puso cifras definitivas a la goleada por 4-1, que dejaba prácticamente decidida la llave y el título.

10 DE SEPTIEMBRE – 1978 – EL ADIÓS DE CONSOME

Colo-Colo llegaba hasta Chillán para enfrentar a Ñublense en la difícil cancha del Estadio Municipal. Sin embargo, la ciudad está triste, ya que el director técnico del equipo chillanejo, Nelson Oyarzún, se encuentra internado por un agresivo cáncer. El famoso DT, conocido como Consomé, termina dando unas palabras a sus dirigidos —antes del partido— desde el hospital y a las horas fallece. El partido, sin embargo, no se detiene y los rojos de Chillán vencen por 2-1 al Cacique. No obstante, se determina que durante el partido hubo cobros relacionados con la denominada Mafia de la Polla-Gol, ya que existen muchas dudas con la aplicación del reglamento en las tres expulsiones que ocurren, así como la sanción de uno de los penales a favor de los locales.

12 DE SEPTIEMBRE – 1996 – ABRAZOS EN LA PLATA

Debut en la versión 1996 de Supercopa Sudamericana y los albos deben viajar hasta La Plata para medirse ante Estudiantes de La Plata. Los pincharratas llegan hasta la cancha del Jorge Luis Hirschi confiados en su figura: Martín Palermo. Sin embargo, los colocolinos también vienen de una gran campaña. Por eso no es novedad que el volante albo, José Luis Sierra, abra la cuenta, pero rápidamente Martín Fúriga y Martín Palermo dejan las cosas 1-2 a favor de los locales. En el segundo tiempo el Cacique logra aumentar sus cifras con goles de Ariel Zapata (autogol), Fernando Vergara y Héctor Tapia. La victoria 4-2 significó el primer triunfo oficial de un equipo nacional en pastos argentinos por torneos internacionales.

13 DE SEPTIEMBRE – 2015 – LA COPA QUE FALTABA

La rama de básquetbol de Colo-Colo es reactivada en 2014 y luego de un meteórico campeonato consigue el título de Liga Nacional 2014-15. Esto le permite a los albos disputar la denominada Copa Chile que se realiza en la ciudad de Puerto Varas. Los colocolinos se miden ante CDS Puerto Varas en el primer cotejo, venciendo por 72-64, clasificando directamente a la final. En el partido definitorio enfrentan a Tinguiririca San Fernando y, luego de un disputado encuentro, logran el título de la competencia al vencer por 89-86 a los energéticos. Erik Carrasco y Evandro Arteaga son las figuras del equipo que se corona campeón.

14 DE SEPTIEMBRE – 1953 – NACE SEVERINO VASCONCELOS

Nacido en la ciudad brasileña de Olinda en Pernambuco. La historia de Severino Vasconcelos se liga con Colo-Colo en el verano de 1978 cuando los albos lo enfrentan en un cuadrangular en Viña del Mar mientras defendía la camiseta de Internacional de Porto Alegre. Al año siguiente, los albos deciden contratar al mediocampista para unirse al Cacique, quien se acopla de gran manera con el equipo. El Negro se termina quedando hasta 1985, jugando más de 300 partidos con la camiseta colocolina, marcando 131 goles. Logra los títulos de Primera División 1979, 1981 y 1983; Copa Chile 1981, 1982 y 1985.

14 DE SEPTIEMBRE – 1997 – PRIMERA VEZ EN LAS CONDES

Los hinchas del Cacique siempre habían estado impacientes de poder visitar el estadio San Carlos de Apoquindo y jugar en dicho recinto los encuentros contra Universidad Católica. El primer intento de la dirigencia cruzada se produce en 1997 cuando se pretende que ambos clubes se enfrenten en Las Condes. Sin embargo, un paro de futbolistas conspira contra el duelo y evita que sea jugado en óptimas condiciones, dado que ambos planteles presentan juveniles a raíz de la paralización. El duelo se inicia a las 11 de la mañana y en la cancha los universitarios se imponen 4-1 con goles de Rodolfo Moya (2), Mauricio Villanueva y Luis Díaz. Mientras tanto, Matías Guerrero —hijo del exárbitro Iván Guerrero— anota el único descuento para el Cacique. La curiosidad es que Moya y Díaz jugarían en el futuro en Colo-Colo.

15 DE SEPTIEMBRE – 1930 – NACE CAUPOLICÁN PEÑA

Caupolicán Peña es un emblema de Colo-Colo a lo largo de su historia, formando parte del selecto grupo de quienes han jugado y dirigido al equipo. Debuta profesionalmente en 1951 y se queda hasta 1962 en las filas del Cacique. En 1964 se convierte en director técnico del equipo. Apasionado por el fútbol, se convierte luego en vocero de sus compañeros y más tarde en un activo dirigente de los futbolistas profesionales. Jugó 242 partidos con la camiseta alba, ganando los títulos de Primera División 1953, 1956 y 1960; Copa Chile 1958.

15 DE SEPTIEMBRE – 1999 – UNA NOCHE PARA EL CHANO

Lizardo Garrido se había retirado en 1994, luego de una extensa carrera en el fútbol. Pese a continuar ligado al trabajo en las inferiores colocolinas, siempre se esperó el momento de una despedida oficial para alguien tan identificado con los colores del Cacique. Hasta que cinco años después de su retiro se pudo realizar su partido de despedida. Esa noche, más de 25 000 colocolinos asistieron al momento culmine de la carrera profesional del querido Chano en un partido de exhibición entre el Colo-Colo 1991 y 1999, aunque con varios refuerzos internacionales como Enzo Francescoli, Óscar Ruggeri, Careca, Jorge Burruchaga, entre otros.

16 DE SEPTIEMBRE – 1989 – EL PRIMER *ANTIDOPING*

Durante décadas pasadas, muchos futbolistas habían recurrido a sucias artimañas para poder elevar su rendimiento deportivo. Los casos a nivel internacional eran muchísimos, pero a nivel local eran un tanto desconocidos. Es así que en 1989 se instaura oficialmente el control *antidoping* para los futbolistas profesionales. Los primeros elegidos son Eduardo Vilches y Raúl Ormeño, quienes salen sorteados para la prueba tras el triunfo 1-0 de Colo-Colo sobre Rangers en el Estadio Nacional. Ambos pasan la prueba sin contratiempos. Esta innovación empezará a hacer sufrir a más de algún jugador en el futuro.

17 DE SEPTIEMBRE – 1998 – OTRA VEZ NELSINHO

Los colocolinos habían conocido a Nelsinho Baptista en 1997 cuando, dirigiendo a Cruzeiro, había sido expulsado, junto a su ayudante, en el duelo de Supercopa jugado en el Monumental. Este encuentro había finalizado 4-2 en favor de los albos y había provocado serios incidentes. En 1998, una vez más volvía Nelsinho a Pedreros, pero ahora dirigiendo al Sao Paulo para enfrentar a los albos por Copa Mercosur. Colo-Colo termina venciendo 2-1 a los brasileños con goles de Héctor Tapia y Pedro Reyes. En 1999 volverá nuevamente Nelsinho, pero esta vez a bordo de un helicóptero, para ser presentado como DT del Cacique.

18 DE SEPTIEMBRE – 1977 – UN DEBUT Y UNA DEBACLE

En plenas Fiestas Patrias, Colo-Colo es programado para medirse con Audax Italiano en el Estadio Nacional. Un partido que, a todas luces, no tendría la repercusión esperada por usar una fecha que no acomoda a los hinchas, dadas las festividades. Los dirigentes colocolinos estaban muy molestos a raíz de la programación y más aún por las jornadas dobles o triples, que representaban un gran perjuicio económico para los clubes que llevaban mayor cantidad de público, puesto que debían dividir las ganancias generalmente con clubes de poca convocatoria. En señal de protesta, los albos asisten con juveniles, entre ellos un joven debutante, Luis *Chupete* Hormazábal. El marcador final es una victoria 0-1 para los audinos y será el comienzo de una extensa mala racha para el Cacique, ocho fechas sin ganar, lo que terminará sacando a Ferenc Puskás de la banca alba.

19 DE SEPTIEMBRE – 2006 – EL PRIMER GOL DEL KING

Colo-Colo había caído 1-2 en Tacna ante Coronel Bolognesi por Copa Sudamericana. Afortunadamente, el descuento de José Luis Jerez abría una esperanza para el Cacique por la validez de los goles como visitante. Los albos habían quedado un tanto sorprendidos frente al conjunto dirigido por el —hasta ese entonces— desconocido técnico Jorge Sampaoli. Los albos se juramentan dar vuelta al resultado y con un gran esfuerzo poder superar a los peruanos en el Monumental. Cuando finaliza el primer tiempo, Arturo Vidal verá su gran oportunidad y marca el primer gol oficial de su carrera con un impecable cabezazo tras un tiro de esquina de Jerez. Finalmente, el Cacique supera por la cuenta mínima a los escarlatas y clasifica a la siguiente ronda del torneo por el gol marcado fuera de casa.

20 DE SEPTIEMBRE – 2018 – EL VAR EN PEDREROS

Introducido poco a poco en las competencias oficiales, el Video Assistant Referee (VAR) generó opiniones encontradas entre los especialistas al momento de su inclusión. En la Copa Libertadores se comienza a usar desde las semifinales de 2017, por lo que para 2018 ya se le considera desde los cuartos de final. El duelo entre Colo-Colo y Palmeiras, por los cuartos de final, sería el indicado para probar la tecnología. Finalmente, hace su debut en el Estadio Monumental, siendo aplicado por primera vez en Chile de forma oficial. Para los albos la aplicación tiene resultados dispares, ya que, a pesar de no incidir en la derrota por 0-2, tuvo varios episodios discutibles, desde un penal no cobrado hasta el primer expulsado a través de VAR en Chile: El colocolino Damián Pérez a los 96 minutos de partido.

21 DE SEPTIEMBRE – 1999 – ESPERANZAS EN MARACANÁ

El Flamengo de Romário era el principal obstáculo de Colo-Colo para poder seguir avanzando en la Copa Mercosur. Los brasileños habían aplastado al Cacique en Santiago, por lo que resultaba imperioso ir hasta el Maracaná para obtener un buen resultado. La planificación de Nelsinho Baptista quedaba en vilo cuando Caio y Marco Antonio adelantaban en el marcador al Mengão por 2-0. Sin embargo, cuando quedaban solo diez minutos para el final del encuentro, viene una sorprendente reacción de Colo-Colo que logra descontar por medio de Raúl Muñoz y, cinco minutos después, mediante un penetrante cabezazo en el área chica de Fernando Vergara deja el marcador igualado 2-2. El Cacique encontraba esperanzas en el Maracaná. Dos semanas más tarde, Universidad de Chile fue a buscar las mismas esperanzas, pero cayó estrepitosamente por 7-0 ante el Fla.

22 DE SEPTIEMBRE – 1991 – DOBLE PÓKER DE MARTÍNEZ

Rubén Martínez acaparaba portadas celebrando efusivamente sus goles al más puro estilo inglés, agitando sus brazos frente a la hinchada colocolina, pero hubo alguien que lo sufrió en demasía. Hablamos de Carlos Prono, arquero de Unión Española, quien durante la temporada recibe ocho goles del delantero en solo dos partidos. En la primera rueda recibe cuatro goles en el Monumental (4-1). En la segunda rueda, el 22 de septiembre, recibe otros cuatro goles, ahora en el Estadio Santa Laura, en la goleada colocolina por 5-1. El registro es sorprendente, pero no para el DT, Mirko Jozic, quien reprende a Martínez en el camarín: "Pudiste haber hecho cuatro más, muchacho loco", se le escuchó decir al croata.

23 DE SEPTIEMBRE – 1992 – LA TERCERA COPA INTERNACIONAL

Luego del 4-1 a favor de los albos en México, la vuelta ante Puebla en el Estadio Monumental era vital para conseguir el título de la Copa Interamericana. A Pedreros llegan 52 155 espectadores, quienes ven como Hugo Rubio, Gabriel Mendoza y Héctor Adomaitis anotan sobre los mexicanos, sellando un 3-1. La serie finaliza con un sorprendente 7-2 en el global sobre los franjeados. En las tribunas se desata el júbilo de los hinchas colocolinos, ya que los albos consiguen de esta manera el tercer título oficial de carácter internacional, engalanando las vitrinas albas con una gran conquista para la institución.

24 DE SEPTIEMBRE – 1997 – EL DIEGO FUE INTERNACIONAL

Fueron 40 398 espectadores quienes tuvieron el privilegio de ver a Diego Maradona jugar su único partido por torneos Conmebol. El astro argentino, que vivía su última temporada en el fútbol profesional, había saltado muy joven a Europa por lo que no había disfrutado de los torneos continentales de clubes. Su única chance la tendría a los 37 años y precisamente en la cancha de Colo-Colo en un duelo por Supercopa. Aunque logra actuar solo los primeros 45 minutos, sirve para mostrar su impronta en la cancha con jugadas vistosas y un talento innato, aunque con desmejorada velocidad. La polémica también se hace presente, ya que vacía una botella de agua sobre los fotógrafos que lo acechaban al ser reemplazado en el entretiempo. Pese a los intentos de los xeneises por quedarse con el triunfo, son los albos quienes se llevan los tres puntos por medio de los goles de Marcelo Espina e Ivo Basay, aunque los xeneises consiguen descontar a través de Luis Hernández. Un 2-1 final que es ampliamente celebrado por los hinchas colocolinos.

25 DE SEPTIEMBRE – 1977 – EL REFUERZO MANOLO OTERO

El cantante español Manolo Otero confesaba ante la prensa que alguna vez tuvo chance de jugar en el Real Madrid en su juventud. Eso bastó para que el DT de Colo-Colo, Ferenc Puskás, lo invitara a participar de un entrenamiento con el Cacique durante su estadía en Santiago. Pese a demostrar pocas condiciones para hacer valer su historia de futbolista, su paso por Pedreros es una simpática anécdota que deja varias fotografías. El fin de semana siguiente, los albos debían jugar ante Universidad Católica. El *Conejo* Roselli y *Nacho* Prieto adelantaban a los cruzados en el marcador. Desde la tribuna los hinchas bromeaban con el atribulado DT del Cacique: "Oye Puskás porque no te ponís al Manolo Otero mejor". Afortunadamente para Puskás, los goles de Julio Crisosto y Atilio Herrera lo salvaron de las burlas.

26 DE SEPTIEMBRE – 1982 – LA MANO DE HISIS

Colo-Colo vence 1-0 a Universidad de Chile en una nueva edición del Superclásico chileno. Una multitud de 72 717 personas asisten al Estadio Nacional para ver el partido donde el Cacique vence por la cuenta mínima, con gol de penal de Leonel Herrera, a los 85 minutos de juego. Los azules reclaman efusivamente, ya que indican que Alejandro Hisis habría tocado el balón con la mano antes de rematar al arco y provocar que uno de los defensores azules golpeara el balón con sus brazos. La polémica llega hasta la televisión, que hace extensos reportajes con la jugada de la discordia. Sin embargo, pese a la expectación periodística, no se puede comprobar la tesis azul. Una vez más, el clásico se sigue jugando después de los 90 minutos.

27 DE SEPTIEMBRE – 1980 – AMENAZA DE RETIRO

Tiempos de crisis se vivían en la tienda colocolina. A principios de año el club había sido intervenido por la ACF y el presidente albo, Alejandro Ascuí, intentaba retomar el orden financiero del Cacique. Sin embargo, las cuantiosas deudas colocolinas parecían tener un mal desenlace. En la cancha todo era alegría, puesto que Colo-Colo superaba por 4-2 a Universidad de Chile en el Estadio Nacional ante 76 556 personas. Los albos se abrazaban camino a los camarines y los hinchas se iban felices a sus casas tras la aplastante victoria. Pero la voz de alerta la ponía el abogado de Colo-Colo, Pablo Rodríguez Grez, quien anunciaba que el Cacique se retiraba del torneo por problemas financieros. La noticia es una bomba para la prensa y se intentan encontrar soluciones, para evitar la salida del Cacique de la

Primera División. Los planes para rescatar financieramente al club van desde un acuerdo con los acreedores hasta una serie de amistosos televisados.

28 DE SEPTIEMBRE – 1946 – DESTROZOS EN INDEPENDENCIA

Colo-Colo enfrentaba a Santiago Morning en el Estadio Independencia ante 14 339 espectadores. Los albos vencían a los bohemios con gol de Alfonso Domínguez, en lo que se esperaba fuera una cómoda tarde de fútbol. Sin embargo, a los 26 minutos de juego es expulsado el colocolino Guillermo Fuenzalida. Los albos la emprenden contra el árbitro, mientras que Fuenzalida se niega a abandonar el campo de juego. El juez determina suspender el encuentro, en tanto que en las tribunas los hinchas demuestran su enojo realizando destrozos. Al final del partido se cuentan 142 tablones arrancados y 130 metros de alambrado dañado. El directorio de la División de Honor retiene la recaudación de los albos para cubrir los daños y decide el triunfo de Santiago Morning.

28 DE SEPTIEMBRE – 1964 – NACE CLAUDIO BORGHI

Claudio Borghi nació en Castelar al oeste de Buenos Aires. Sus inicios fueron siempre ligados al semillero de Argentinos Juniors. Su gran talento y capacidad futbolística lo elevaron rápidamente para ser nominado a la selección mayor de Argentina. Fue parte del seleccionado que ganó el Mundial de 1986, jugando varios encuentros de la cita mundialista. Luego de pasar por Europa, buscó su lugar en Argentina, pero terminó siendo en Chile donde afianzaría su carrera. Llegó a Colo-Colo en 1992, pero solo estuvo una temporada como jugador, aunque la gente le daría igualmente su cariño. Convertido en entrenador, logró llegar al Cacique en 2006, donde asumiría el mando del primer equipo hasta mediados de 2008. En Colo-Colo consiguió como jugador la Recopa Sudamericana y Copa Interamericana. Mientras tanto, como técnico obtuvo el primer tetracampeonato del club tras conseguir los títulos consecutivos de Primera División 2006A, 2006C, 2007A y 2007C.

29 DE SEPTIEMBRE – 1983 – EL FÚTBOL PERDIÓ SU ALEGRÍA

Los accesos del Estadio Santa Laura estaban repletos de entusiastas hinchas del fútbol. Ese día se despedía Francisco Valdés, un ícono del deporte chileno y de Colo-Colo. Chamaco ya había cumplido 40 años y llegaba el momento de colgar los botines luego de romper redes en Colo-Colo, Unión Española, Antofagasta Portuario, Cobreloa, Santiago Wanderers, Deportes Arica y Audax Italiano. En su partido final, reunió a las glorias del Colo-Colo 1973 y enfrentó a un combinado de estrellas, encabezadas por Héctor Chumpitaz. El ídolo de La Río no perdió su esencia y desbordó sus últimas pinceladas de talento en la cancha de Independencia. Carlos Caszely, por su parte, demostró su vigencia marcando un golazo ante Marco Cornez. "El fútbol perdió su alegría", precisó el Chino al ser consultado por la despedida de Valdés.

30 DE SEPTIEMBRE – 1959 – NACE JOSÉ DANIEL MORÓN

Desde Tunuyán, en las cercanías de Mendoza, surgió el talento del portero Daniel Morón. Si bien había estado cerca de llegar a San Luis de Quillota a principios de la década de los ochenta, terminó arribando a Colo-Colo en 1987, luego de haber hecho carrera en varios clubes de Argentina. Con 279 presencias con la camiseta del Cacique se transformó en uno de los emblemas colocolinos gracias a sus grandes actuaciones. Si bien no destacó por ser un atajador de penales o un eximio volador. Sus reflejos, seguridad y gran achique, le hicieron ganarse el cariño de la gente. Ganó los títulos de Copa Libertadores 1991; Recopa 1992; Copa Interamericana 1992, Primera División 1989, 1990, 1991 y 1993; Copa Chile 1988, 1989, 1990 y 1994.

30 DE SEPTIEMBRE – 1989 – REINAUGURACIÓN DE LA RUCA

El sueño del estadio propio estaba presente en Colo-Colo desde los inicios mismos del club, por eso no fue sorpresa cuando los albos mostraban los esfuerzos por construir su cancha. Luego de adquirir el terreno en 1955, se había abierto en 1975, pero las deficiencias en sus instalaciones habían obligado a cerrarlo nuevamente al

cabo de unos meses. Tras la llegada de la nueva directiva en 1985, se había pensado en abrir definitivamente el estadio y se trabajaba fuertemente en encontrar el mecanismo para reunir el dinero para su habilitación definitiva. Esto se logra finalmente con donaciones de hinchas, traspasos de jugadores y aportes publicitarios. Después de varias reprogramaciones, el recinto de Pedreros es reinaugurado en septiembre de 1989 con un duelo entre Colo-Colo y Peñarol, que ganaron los albos por 2-1. Marcelo Barticciotto y Leonel Herrera anotan para el Cacique, mientras que Diego Aguirre anotó para los uruguayos.

OCTUBRE

1 DE OCTUBRE – 1988 – EL MONUMENTAL VA

El gran proyecto de la directiva de Colo-Colo era la inauguración definitiva del Estadio Monumental, pero antes había que conseguir los recursos para lograr realizar la obra. Se decide hacer una gran campaña de recolección de fondos, en todo el país, denominada "El Monumental va". Esta campaña se realizaría desde el 15 de septiembre hasta el sábado 1 de octubre. El cierre de la iniciativa se desarrollaría en el programa *Porque hoy es sábado* de Televisión Nacional de Chile. Los hinchas podrían adquirir bonos de cooperación para la construcción del nuevo recinto: financista, colaborador, cooperador y constructor. Finalmente, al cierre de la campaña, se logran reunir $197 717 600, aunque la cifra sube con el paso de los días. Los hinchas del Cacique quieren ver pronto la nueva casa construida.

2 DE OCTUBRE – 1994 – LEY DE VIOLENCIA EN LOS ESTADIOS

Un problema ineludible desde el inicio del fútbol era la violencia en los estadios. Los clubes chilenos debían convivir constantemente con asistentes a los estadios que no acataban las normas de comportamiento de estos eventos. Contagiados por el movimiento *hooligan* inglés, surgen la Garra Blanca (1985) y Los de Abajo (1989), dos facciones radicales de las tradicionales barras del fútbol. Ambos grupos se habían enfrentado constantemente y habían provocado daños en

diversos puntos del país. Al respecto, el gobierno y el parlamento deciden apoyar una ley exclusiva para regular el comportamiento de los hinchas en los estadios. Es así como el 31 de agosto de 1994 se publica la Ley de Violencia en los Estadios. El primer Superclásico del Torneo Nacional donde se aplica la nueva reglamentación es el desarrollado el 2 de octubre de 1994, cuando Colo-Colo y Universidad de Chile igualan sin goles en el Estadio Monumental. Los albos deben implementar un circuito de televigilancia de más de 40 000 dólares y una serie de medidas especiales ante la exacerbada rivalidad entre ambos equipos.

3 DE OCTUBRE – 2009 – PAREDES ES CLÁSICO

Esteban Paredes llevaba doce partidos en Colo-Colo cuando le tocó enfrentar por primera vez a la Universidad de Chile con la camiseta colocolina. El cuadro azul venía de ser campeón del Apertura 2009 con Sergio Markarián, pero ahora con José Basualdo en la banca los resultados no lo acompañaban. En el Cacique, los hombres de Hugo Tocalli no eran capaces de superar la portería azul, mientras que Rodrigo Meléndez controlaba el talento de Walter Montillo. A los 56 minutos, un tiro libre era la oportunidad que los albos estaban esperando. Esteban Paredes intenta buscar a Ezequiel Miralles en el centro del área, pero aunque el argentino no alcanza a conectar, el balón ingresa igualmente a la portería de Miguel Pinto. El atacante ya le había marcado en dos ocasiones a los azules jugando por Santiago Morning y Universidad de Concepción, pero ahora con la camiseta alba comenzaría una 'linda tradición'.

4 DE OCTUBRE – 1975 – ADIÓS PEDREROS

Colo-Colo había jugado su primer partido oficial en la cancha de Pedreros el 20 de abril de 1975 enfrentando a Aviación. Luego alcanza a disputar otros duelos, pero las instalaciones son ampliamente cuestionadas, no solo por los clubes rivales, sinotambién por los propios colocolinos. El cuadro albo cede a la presión mediática y juega su último partido en la cancha del Monumental. Un empate sin goles ante Huachipato con 7521 personas en las tribunas. Esto marca el fin del primer intento por jugar fútbol profesional en la casa alba. Serán solo nueve los duelos oficiales jugados en Pedreros, ocho por el torneo nacional y uno por Copa Chile. No obstante, el estadio colocolino es considerado el n.° 1 en asistencia, con 6 945 espectadores promedio, pese a la exponencial baja de asistencias a los estadios, que era evidente desde el golpe de estado en 1973.

5 DE OCTUBRE – 2008 – CARRERÓN DE LUCAS

Un inusual malestar estomacal sufría Lucas Barrios en el centro de la cancha. El DT, Marcelo Barticciotto, comienza a preparar la modificación, pero el atacante decide continuar. Barrios ya había abierto la cuenta a los 35 minutos de juego, decretando el 1-0 sobre la Universidad de Chile. Ahora los albos jugaban con diez hombres tras la expulsión de Luis Mena, por lo que los azules se comienzan a acercar más a la portería del Cacique. El paraguayo José Domingo Salcedo despeja largamente el balón desde el fondo, Barrios recepciona en campo propio y comienza una carrera en diagonal hacia el arco. Tras apilar a varios rivales en su ruta, termina definiendo a un costado de Miguel Pinto, desatando una ovación. Diez minutos después del golazo de Barrios, el portero albo, Cristián Muñoz, le contiene un penal a Marcelo Salas. El Cacique se queda con un nuevo clásico gracias a la tremenda actuación de la Pantera y el Tigre.

5 DE OCTUBRE – 2019 – EL HOMBRE RÉCORD

Francisco Valdés, con 215 goles, encabezaba la estadística de récord de goles en Primera División. Una cifra casi imposible para los goleadores chilenos, pero que era seguida de cerca por Esteban Paredes, quien desde su regreso al Cacique, en 2014, había acumulado varias conquistas que le permitieron igualar el registro de Chamaco el 24 de agosto de 2019, al anotar su gol número 215 en la igualdad 2-2 ante Palestino. Sin embargo, superar el récord queda pendiente por varias fechas, hasta que llega una nueva oportunidad: El Superclásico n.° 186 en el Estadio Monumental. Los azules abren la cuenta por medio de un penal de Gonzalo Espinoza, luego un certero disparo de Gabriel Suazo iguala el marcador. A los 65 minutos vendría el momento histórico, cuando Pablo Mouche toque sutilmente el balón en el área para que Paredes defina a un costado del meta Fernando de Paul. Fiesta en el Monumental y en todo Chile con el 2-1 anotado por el referente colocolino y el gol personal número 216 en Primera

División. El resultado final favoreció 3-2 a Colo-Colo, con un gol a último minuto de Julio Barroso. Una tarde redonda para los albos y para Esteban Paredes, quien recibió un homenaje en el centro del campo de juego, acompañado de su familia y con más de 40 000 hinchas felices en las tribunas.

6 DE OCTUBRE – 1957 – EL HURACÁN CREMASCHI

Colo-Colo recibía la visita del 'sexto grande' del fútbol argentino en el Estadio Nacional. Hablamos del Club Atlético Huracán, que llegaba hasta Ñuñoa conAdolfo Pedernera como técnico. Los albos mostraban novedades en su formación, ya que quedaban fuera de la citación Caupolicán Peña, Jorge Robledo, Mario Moreno y Jaime Ramírez. En el césped se saludaban efusivamente el golero albo, Sergio Livingstone, y el argentino Norberto *Tucho* Méndez, dos veteranos futbolistas que se habían enfrentado en innumerables ocasiones. Todo hacía presagiar un duelo de fuerzas parejas, pero no fue tal, puesto que fue la tarde de Atilio Cremaschi. El puntarenense termina anotando cuatro goles sobre los quemeros, que pese a descontar por medio de Alberto Sánchez y Óscar Rossi, no pueden hacer nada para que Juan Soto y Arturo Farías cierren la goleada 6-2 sobre el Globo.

7 DE OCTUBRE – 1997 – ADIÓS PÁJARO RUBIO

Luego de 15 años de carrera, llegaba el momento de la despedida de otro jugador emblemático de Colo-Colo: Hugo Eduardo Rubio. El talquino, que brillara en los equipos albos con su poder goleador, reúne a Colo-Colo y a un grupo de figuras para realizar su despedida del fútbol profesional en el Estadio Monumental, justamente aquel estadio que se pudo construir gracias a parte deldinero del traspaso del atacante. Ivo Basay (2) y Luka Tudor anotaron para el Cacique, mientras que Claudio Biaggio (2), Emilio Butragueño (2), Fabián Estay y Juan Ramón Carrasco marcaron para el combinado internacional. Rubio cerraba su carrera con el agradecimiento del hincha y, sin lugar a dudas, con el cariño de la gente.

8 DE OCTUBRE – 2002 – EL RIVER DEL INGENIERO

River Plate visitaba Santiago para enfrentar a Colo-Colo en el Estadio Nacional en duelo amistoso. La gran novedad de los trasandinos era contar con el DT chileno, Manuel Pellegrini, en la banca y también con una de las figuras del torneo argentino: Andrés D'Alessandro. Pese a reservarse algunos titulares, los argentinos salen a la cancha con un gran equipo para medirse ante el joven cuadro albo. Un autogol de Raúl Muñoz, tras remate de Maxi López, abre el marcador a los 50 minutos de juego en favor de los millonarios. Luego vendrían dos goles de la figura de la noche: Mario Cáceres. El fornido atacante colocolino muestra todo su oficio al marcar en dos ocasiones en la portería de José María Buljubasich. Los dirigidos de Jaime Pizarro comienzan a demostrar su solidez para lo que resta del 2002, algo que traerá frutos.

9 DE OCTUBRE – 1988 – EL PRIMER GOL DE BARTI

Casi 7000 espectadores llegaron hasta el Parque Municipal de Valdivia para ver el primer encuentro oficial entre albos y albirrojos. Los valdivianos disputaban su temporada debut en la Primera División, por lo que estaban muy entusiasmados en obtener un buen resultado ante el Cacique. Sin embargo, los albos tenían sangre nueva en sus filas desde hacía un mes. Se trataba del delantero argentino Marcelo Pablo Barticciotto, quien llegaba como gran novedad de los albos. A los 28 minutos, el propio Barticciotto decreta el 1-0 venciendo al meta brasileño Gerson Fonseca, anotando su primer gol con la camiseta alba.

10 DE OCTUBRE – 1948 – NACE LEONEL HERRERA ROJAS

Leonel Herrera Rojas nació en Tierra Amarilla, en las cercanías de Copiapó. Desde temprana edad desarrolló un gran gusto por el fútbol, sobre todo entusiasmado por el nivel que había alcanzado su primo Eladio Rojas en el fútbol profesional. Su debut se produjo en 1967 tras alinear ante River Plate por Copa Libertadores. En el palmarés de Chuflinga están los títulos de Primera División 1970, 1972, 1979, 1981 y 1983; Copa Chile 1974, 1981, 1982, 1985. Herrera se

transformó luego en DT y más tarde en un ácido comentarista de los partidos del Cacique.

10 DE OCTUBRE – 2006 – MAYOR GOLEADA INTERNACIONAL

Colo-Colo enfrenta el duelo de vuelta ante Liga Deportiva Alajuelense de Costa Rica, partido válido por los octavos de final de la Copa Sudamericana. En la ida los albos vencieron 4-0 en Alajuela. En la vuelta en el Estadio Monumental, los colocolinos nuevamente son muy superiores a los centroamericanos. El Cacique termina sumando la victoria más abultada por torneos internacionales, tras vencer por 7-2 a los ticos. Los goles del Cacique fueron anotados por Humberto Suazo (2), Arturo Vidal (2), Alexis Sánchez, Matías Fernández y Miguel Aceval. El Cacique,cómodamente, obtuvo su paso a cuartos de final de la Copa Sudamericana por un expresivo global de 11-2.

11 DE OCTUBRE – 1970 – EL OCASO DE UN CLÁSICO

Colo-Colo y Magallanes habían animado desde 1925 uno de los clásicos más importantes del fútbol chileno. Ambas instituciones tenían un origen en común y la popularidad asociada a ambos había conspirado en la rivalidad. Pero, 45 años más tarde, la llama se había apagado, en principio por el descenso de los carabeleros en 1960. Esa tarde de domingo de 1970 solo 14 167 personas llegaban hasta el Estadio Nacional para ver el cotejo. Cuando la nostalgia se apoderaba de los asistentes de aquellas jornadas increíbles de décadas anteriores, llegó la sorpresa. Carlos Humberto Caszely realiza una espectacular pirueta clavando una chilena en el arco defendido por Mario Lara. El Chino sería autor de los dos tantos con que se decreta el 2-0 final.

12 DE OCTUBRE – 1985 – CHILE DESPIDE A CASZELY

Las tribunas del Estadio Nacional están repletas de hinchas que corean el apellido de Carlos Humberto Caszely, ilustre goleador chileno y de Colo-Colo. El Chino reunía a 70 000 personas en Ñuñoa, quienes aplaudían agradecidos la oportunidad de despedir al mítico goleador. En la cancha se medirían el "Colo-Colo de siempre" contra "Las estrellas de América". En el combinado internacional se incluyen a Teófilo Cubillas, Elías Figueroa, Jairzinho, entre otros. Sin embargo, el público albo se divierte y entra rápidamente en confianza, tanto así que se esbozan algunos gritos contra Pinochet, que llaman la atención de algunos jugadores y autoridades. Casi el finalizar el encuentro, el balón cayó a una de las tribunas y no volvió. El juez da por terminada la brega cuando restaban algunos minutos por jugar.

12 DE OCTUBRE – 1993 – UN FENÓMENO EN PEDREROS

Colo-Colo y Cruzeiro habían vivido una singular situación, no se habían enfrentado a lo largo de la historia y ahora vivían su tercera llave en tres años consecutivos. Los penales habían ayudado a los brasileños en la Supercopa 1991, los colocolinos habían triunfado en la Recopa en 1992 y ahora nuevamente se medirían en Supercopa. Sin embargo, en el encuentro de ida el equipo de Belo Horizonte es una aplanadora y golea sin piedad por 1-6 al Cacique en el Mineirão. El culpable: un joven carioca de solo 17 años llamado Ronaldo, que marca ante los albos sus primeros tres goles a nivel internacional de clubes. Una semana más tarde, el martes 12 de octubre, se juega la vuelta en el Estadio Monumental. Los albos apuestan a salvar el honor. A los 14 minutos, Marcelo Vega abre la cuenta para Colo-Colo, pero luego aparecería Ronaldo, marcando a los 28 y 61 minutos sus dos primeros goles en el extranjero defendiendo la camiseta del Cruzeiro. El resultado lo completa Careca para los celestes, mientras que Hugo Rubio y Marco Antonio Etcheverry decretaron la igualdad 3-3 definitiva.

13 DE OCTUBRE – 1974 – PREINAUGURACIÓN DE PEDREROS

Héctor Gálvez era el presidente de Colo-Colo desde 1969. Durante su mandato había logrado revertir la cruda situación financiera y deportiva del club. Los títulos de 1970 y 1972 le habían dado amplio respaldo de los colocolinos. Tras el subcampeonato de Copa Libertadores 1973, los objetivos de Gálvez apuntan a un hecho que se distinga como emblema de su gestión. Es por eso que en 1972 anuncia el inicio de las obras de construcción definitiva de las desoladas instalaciones del Monumental. Por casi diez años las obras

habían permanecido paralizadas y llegaba el momento de probar los avances de las obras. Por eso, los directivos deciden realizar una preinauguración para determinar un análisis del estadio. El invitado para probar las obras de Pedreros es el Combinado Universitario, un singular equipo creado con jugadores de Universidad de Chile y Universidad Católica. Para los albos anotan Miguel Ángel Gamboa y Fidel Dávila, mientras que los universitarios marcan por medio de Manuel García, Adriano Muñoz y Víctor Solar. Las 25 000 personas que llegan hasta el recinto deportivo sirven para detectar las probables fallas del recinto. Los albos tienen en mente un plazo de seis meses para inaugurar definitivamente.

14 DE OCTUBRE – 1962 – CHAMACO OLÍMPICO

El Torneo Nacional 1962 estaba en pleno desarrollo. Los clubes universitarios luchaban el primer puesto, mientras que Colo-Colo intentaba amagar las opciones de sus rivales. Un mes antes los albos no se habían sacado ventaja con la U, pero ahora los cruzados eran el rival de turno. Hasta el Estadio Nacional llegan 72 952 espectadores para presenciar la jornada. A los 2 minutos, el club de la franja abre la cuenta por medio de Mario Soto. Luego comenzaría el show de Francisco Valdés, quien anota a los 53 minutos y luego a los 61 marca un gol olímpico ante la atónita mirada del defensor Sergio Valdés y el portero Walter Behrends. Orlando Ramírez igualaría para los universitarios a los 76, pero Chamaco estaba en su tarde y marcó solo dos minutos después el 3-2 definitivo a favor del Cacique. De esta manera el habilidoso volante conseguía su primer triplete en Primera División, con gol olímpico incluido.

15 DE OCTUBRE – 1973 – EL FÚTBOL TRAS EL GOLPE

Poco más de un mes había pasado desde el golpe de estado que terminó con el gobierno de Salvador Allende. Los clubes volvían a la cancha —casi por obligación— ya que muchos comienzan a entrar en una severa crisis económica por la inactividad. El fútbol nacional volvía a jugarse tras dos meses y medio de detención debido al contexto político y, además, por el receso dado el repechaje mundialista ante la URSS en Moscú. El grueso del plantel seleccionado era perteneciente a Colo-Colo, por lo que luego de llegar a Santiago, los jugadores albos debieron ponerse a entrenar para recuperar la decena de duelos suspendidos a raíz de la actuación colocolina en Copa Libertadores. Luego de unos cuantos entrenamientos —en pleno toque de queda— los albos debieron iniciar un largo viaje en bus hasta La Serena para medirse ante los locales. Sin embargo, el ánimo de los hinchas del Cacique no está para el regreso del fútbol y solo ocho socios concurren al partido, ni siquiera la populosa barra acompaña al equipo. Los serenenses en cambio concurren en masa y más de 17 000 personas repletan el recinto. El marcador finaliza igualado 1-1 con goles del albo Leonardo Véliz y el papayero Hugo Iter. La alegría de la visita de Colo-Colo se iba de La Serena con rumbo a Santiago, pero casi al mismo tiempo a la ciudad llegaba algo terrible: "La caravana de la muerte".

16 DE OCTUBRE – 2011 – AUNQUE NOS DIGAN

Luego de trece años, Colo-Colo y Universidad Católica se enfrentaban en el Estadio San Carlos de Apoquindo. Los cruzados habían solicitado volver a jugar en el recinto de la comuna de Las Condes en varias ocasiones, pero la descarnada oposición de vecinos del sector obligaba al elenco católico a cambiar su localía al Estadio Nacional o Santa Laura. Esta vez, la dirigencia de los universitarios apostó seriamente a la posibilidad y le resultó, pero con una atenuante: no vender entradas a hinchas de Colo-Colo. Sin embargo, son cientos los colocolinos que adquieren boletos. El día del partido, desde muy temprano, cerca de 700 carabineros son dispuestos a 'proteger' el perímetro del estadio y se produce un hecho lamentable. Los efectivos policiales persiguen y detienen a toda persona 'sospechosa' de ser hincha de Colo-Colo en una discriminación arbitraria increíble. Son cientos los seguidores colocolinos que no pueden ni siquiera asomarse por Avenida Apoquindo, generando uno de los episodios más vergonzosos de la historia del fútbol chileno.

17 DE OCTUBRE – 1937 – EL CAMBIO DE CARECACHO

Se jugaba una jornada triple en Campos de Sports en honor al Instituto de Periodistas. Por esa razón unas 10 000 personas llegaron para ver los encuentros, donde destaca el enfrentamiento entre Colo-Colo y Santiago Morning en el *match* de fondo. Los capitanes Arturo

Torres (CC) y Salvador Nocetti (SM) se saludan en el centro del campo e inicia el match. Los bohemios marcan por medio de José Romo (2) y Víctor Alonso, mientas que las anotaciones de los albos son marcadas por Arturo Carmona, Manuel Arancibia y Enrique Sorrel, logrando emparejar el marcador final a 3-3. Entre las curiosidades del partido está la lesión de *Carecacho* Torres, quien debe salir reemplazado por Guillermo Hernández. Minutos antes del final, Torres vuelve a la cancha intempestivamente. El fútbol aún permitía algunas licencias del mundo amateur.

18 DE OCTUBRE – 1925 – EL PRIMER TÍTULO

El 11 de octubre, Colo-Colo cerraba su participación en la Liga Metropolitana de Santiago, la primera competencia oficial en que los albos se hacen presentes. El resultado era más que positivo, ya que el Cacique finaliza invicto en las doce fechas del torneo, registrando solo triunfos y un empate. Pese a esto, la posibilidad de campeonar aún podía ser amagada por el club 1.° de Mayo. Esto era muy probable, ya que estos aún tenían un partido por jugar el 18 de octubre, ante Audax Italiano. Sin embargo, ambos clubes igualan sin goles, lo que da el título a los albos, el primero de la prolífera historia colocolina. Ese mismo día, los albos jugarían el *match* de fondo, venciendo 1-0 al sorprendente Unión Coquimbo de Chuquicamata en partido amistoso. David Arellano y sus rebeldes van por buen camino y consiguen la copa Ismael Pereira Iñiguez.

19 DE OCTUBRE – 2006 – GOLEADA CON SABOR AMARGO

Colo-Colo recibía a Gimnasia y Esgrima de La Plata en el Estadio Monumental para iniciar la llave los cuartos de final de Copa Sudamericana. El desafío para los albos era mayor, ya que el Lobo llega precedido de una buena campaña tras superar a Fluminense. En la cancha los dirigidos de Claudio Borghi son muy superiores y lo demuestran marcando a los 24 minutos mediante un penal convertido por Matías Fernández. Los argentinos logran igualar con tanto de Matías Escobar, pero todavía faltaba el *show* de Chupete. Humberto Suazo marca a los minutos 47, 67 y 75 desatando la fiesta en las tribunas del Monumental. Sin embargo, la alegría de la goleada se ve opacada, ya que un desadaptado lanza un proyectil, cayendo en la cabeza del jugador tripero Nicolás Cabrera. El Cacique es amonestado por mal comportamiento y Conmebol le impone una sanción de dos partidos fuera de su estadio.

20 DE OCTUBRE – 1941 – NACE ELSON BEYRUTH

Desde Brasil llegó el talento de Elson Beyruth en 1965. Una metódica preparación marcaba el nuevo estilo del brasileño, que venía a aportar en el mediocampo colocolino. Al verlo precalentar, sus compañeros le decían: "No entrenís tanto, que nos vas a echar a perder el negocio". Sus más de 100 goles con la camiseta alba serán recordados por generaciones, pero de sobremanera estará marcado en la definición con Unión Española en 1970. Tras el retiro, se unió con Mario Moreno desarrollando una gran labor de formación de nuevos talentos albos. Fue elegido el Mejor Futbolista de la Temporada 1971. Sus actuaciones fueron vitales para conseguir los títulos de Primera División 1970 y 1972. Su último gran hito fue formar parte del plantel del subcampeonato de Copa Libertadores 1973.

21 DE OCTUBRE – 2012 – LA MODA SE ACABÓ

El Torneo Apertura 2012 había finalizado en fracaso tras caer en semifinales rotundamente ante la Universidad de Chile. La incorporación del técnico Omar Labruna estaba trayendo dividendos y el Cacique encabezaba los puestos de la tabla de posiciones de cara a los *playoffs*. Llegaba el momento de enfrentar nuevamente a los azules, todavía envalentonados por haber llegado a semifinales de Copa Libertadores. Hasta el Monumental llegan 38 764 espectadores, que se sorprenden cuando, tempranamente, los albos quedan con diez hombres tras expulsión de Luis Mena. Sin embargo, cuando el partido expiraba, apareció el delantero Carlos Muñoz sacando un derechazo impresionante que se cuela en la portería de Johnny Herrera. Mientras los albos celebran un nuevo triunfo sobre los azules, se producen algunos incidentes a raíz de algunos gestos del portero albo Francisco Prieto que molestan al portero universitario. Ambos terminan expulsados. Camino al túnel, Labruna celebra el triunfo con la frase: "Les dije huevones que la moda se acabó, les dije o no".

22 DE OCTUBRE – 1989 – LA PRIMERA CAÍDA

Colo-Colo había reinaugurado 23 días antes el Estadio Monumental. Ya se habían disputado tres encuentros en el recinto y los albos estaban confiados en que Pedreros sería una fortaleza. No obstante, dicho invicto tenía fecha de caducidad pronta, ya que Unión Española diría lo contrario y le propinaría una goleada por 1-5, siendo la primera victoria de un rival en la nueva cancha de Macul. Para los hispanos anotan Juan Gutiérrez, Carlos González, Luis Rodríguez, Jaime Ramírez y Roberto Corro; mientras tanto, Leonardo Montenegro descuenta para los albos. En las postrimerías del encuentro vieron la tarjeta roja Hugo González y Ricardo Dabrowski, coronando una pésima tarde de los dirigidos por Arturo Salah.

23 DE OCTUBRE – 1983 – LOS CÓNDORES NO PATEAN PENALES

Más de 16 000 personas observaban el partido entre Colo-Colo y Santiago Wanderers en Playa Ancha. El duelo de albos y porteños estaba parejo en la primera etapa por lo que los hinchas esperaban mayor acción en el segundo tiempo. Al inicio del complemento, el Cacique se pone en ventaja con anotaciones de Cristián Saavedra (2) y Horacio Simaldone. Colo-Colo tendrá la oportunidad de marcar el cuarto gol a través de un penal, pero contraviniendo las órdenes del DT, Pedro García, el portero colocolino, Roberto Rojas, decide lanzar desde los doce pasos. El Cóndor falla ante Ricardo Biondi y recibe las pifias del público. "Pastelero a tus pasteles" dicen por ahí.

24 DE OCTUBRE – 1996 – ESPINA Y REYES NOS LLEVAN A SEMIFINALES

Colo-Colo y Flamengo se miden en los cuartos de final de la Supercopa 1996. En la ida los albos rescatan un agónico 1-1 en el Teixeirão con anotación de Francis Ferrero. El duelo de vuelta se jugaba en el Estadio Monumental, hasta donde llegaba el cuadro carioca encabezado por Bebeto. Pese al inicio tranquilo, las cosas se complican a los 46 minutos de juego cuando el portero albo, Claudio Arbiza, se lesiona, siendo reemplazado por Marcelo Ramírez. Hasta ahí nada raro, pero ocurre lo increíble cuando Ramírez también se lesiona. El técnico, Gustavo Benítez, toma una decisión y Pedro Reyes se coloca bajo los tres tubos, mientras que David Henríquez reemplaza al Rambo. Quedando casi 20 minutos de partido, los brasileños aprovechan la ocasión para acercarse a la portería del improvisado arquero. Pero son sorprendidos por un letal zurdazo de Marcelo Espina que deja sin opciones a Ze Carlos, decretando el 1-0 para los colocolinos. La presión del Mengão intenta exigir a Reyes, pero este sigue solvente bajo los tres palos. Los últimos minutos terminan con el Cacique defendiendo con solo nueve hombres, a raíz de la expulsión de José Luis Sierra y Fabián Guevara. Luego viene el esperado pitazo final y los albos llegan a semifinales del torneo.

25 DE OCTUBRE – 1992 – RÉCORD EN MACUL

El Estadio Monumental recibía su mayor cantidad de público controlado en un partido oficial al enfrentar a Universidad de Chile. Los hinchas del Cacique repletan las graderías de Pedreros con más de 69 305 personas, un récord para el nuevo estadio colocolino. El árbitro del encuentro fue el uruguayo Saúl Feldman. A los 51 minutos, Fabián Guevara marca el gol de la ventaja para los azules. Aunque solo dos minutos después será el delantero Aníbal *Tunga* González quien marca el empate. El encuentro finaliza 1-1, dándole nuevas chances a Colo-Colo para amagar a Cobreloa en la tabla de colocaciones.

26 DE OCTUBRE – 2006 – A SEMIFINALES EN LA PLATA

Los ánimos quedaron muy exacerbados después del duelo de ida entre Colo-Colo y Gimnasia y Esgrima. La goleada alba en cierta manera había sido empañada por la agresión sucedida en el Estadio Monumental. En el Estadio Único de La Plata, los argentinos preparan un enardecido público contra los chilenos. A los 47 minutos, Humberto Suazo abre la cuenta mediante lanzamiento penal. Luego se vuelve a los doce pasos para darle oportunidad a Matías Fernández, pero falla el lanzamiento ante Juan Carlos Olave. Minutos después, Gonzalo Fierro, con un espectacular disparo, supera a Olave, decretando un 2-0 y sacando boletos para semifinales de Copa Sudamericana.

27 DE OCTUBRE – 1974 – WALKOVER EN COLLAO

En la cancha de Avenida Collao se enfrentan Colo-Colo y Huachipato. El cuadro de Talcahuano cumple una gran campaña, por lo que es muy difícil para los albos sacar ventajas frente a ellos. Es así hasta los 61 minutos de juego cuando Guillermo Páez golpea a Mario Salinas y ve la tarjeta roja. Dos minutos más tarde, Leonel Herrera derriba al goleador Carlos Sintas y también es sacado de la cancha. Los albos, molestos por la decisión de algunos cobros del árbitro Sergio Vásquez, rodean al juez y guardalíneas. La vehemencia de los reclamos provoca que Luis Araneda y Leonardo Véliz también sean expulsados. Los albos con solo siete jugadores, poco pueden hacer para evitar que caiga la apertura de la cuenta. Hugo Riveros anota en la portería colocolina en una jugada en evidente offside, pero los albos ya no están para reclamos. Tres minutos después del gol, Miguel Ángel Gamboa comete otra falta y ve la tarjeta color rojo. Los albos se quedan con solo seis elementos y el partido se acaba por *walkover*, al no tener los suficientes jugadores en el campo.

28 DE OCTUBRE – 1973 – UN TRISTE CLÁSICO EN SANTA LAURA

El regreso del fútbol —tras el Golpe Militar de 1973— fue con bastantes partidos a raíz de las dificultades para programar las fechas. Así que los cuadros debieron medirse cada 3 o 4 días. Ante la imposibilidad de usar el Estadio Nacional, debido a que se encontraba como centro de detención, las programaciones llevaban habitualmente a Santa Laura. En ese lugar se juega un nuevo clásico entre Colo-Colo y la U ante 22 610 espectadores, rompiendo una racha de 54 partidos consecutivos entre ambos en la cancha de Ñuñoa. Los hinchas no ocultan la rareza de un clásico en Independencia, pero comprenden que no hay otro escenario que pueda albergar este tipo de cotejos. ¿Es momento de abrir el olvidado estadio de Pedreros?, se preguntan los hinchas del Cacique.

29 DE OCTUBRE – 1997 – CASI-CASI EN LA BOMBONERA

Colo-Colo llegaba hasta la Bombonera para disputar el último partido de la fase de grupos de Supercopa ante Boca Juniors. El sorprendente rendimiento del Cacique rinde sus frutos a los 17 minutos cuando Ivo Basay abre la cuenta para los colocolinos. Seis minutos más tarde vuelve a repetir el Hueso, dejando al cuadro popular con una impensada ventaja de 0-2. Los albos piensan que pueden lograr la hazaña de vencer en casa a los xeneises, algo casi imposible por esos días. Para el segundo tiempo, los dirigidos del *Bambino* Veira disponen el ingreso de Martín Palermo, figura recientemente adquirida por el popular cuadro trasandino. La apuesta resulta y descuentan a través del propio Titán a los 75 minutos de juego. Cinco minutos más tarde, Rodolfo Arruabarrena iguala el marcador. A tres minutos del final, un dudoso penal para los locales es servido por un joven Juan Román Riquelme, pero su remate es contenido por Claudio Arbiza. Los albos se traen un punto de Buenos Aires y clasifican a semifinales liderando el grupo ante Independiente, Cruzeiro y Boca Juniors. Algo totalmente impensado para la prensa nacional y extranjera.

30 DE OCTUBRE – 2011 – VERGÜENZA ARBITRAL

Nuevo clásico en el Estadio Monumental y Colo-Colo recibe a Universidad de Chile. Los azules venían de acceder a cuartos de final de Copa Sudamericana tras superar a Flamengo. El momento de los universitarios era muy superior a la irregularidad colocolina. Pero para los clásicos dichos rótulos no existen y en la cancha se ven equipos muy parejos. Charles Aránguiz abre la cuenta mediante un inexistente penal para los azules, pero luego aparecería la figura de Esteban Paredes con dos tantos sobre la portería de Johnny Herrera, para dejar al Cacique en ventaja por 2-1. El cuadro azul se descontrola y ven la tarjeta roja Charles Aránguiz y Osvaldo González. A los 72 minutos, el arquero albo, Juan Guillermo Castillo, también es expulsado, ya que el uruguayo insulta a un compañero y el árbitro piensa que el improperio se dirige a él. En su reemplazo ingresa el meta Raúl Olivares, que a los 81 minutos recibe una criminal patada en el rostro de Albert Acevedo que lo deja visiblemente lesionado. El juez, Claudio Puga, ni siquiera marca tarjeta amarilla y a los pocos minutos señala 12 minutos de descuento por las demoras provocadas por algunos hinchas ubicados sobre las rejas. Cuando el duelo está por finalizar, una intrascendente jugada termina con el empate azul tras un rechazo a medias de Osmar Molinas que el aún aturdido Olivares no puede contener. El polémico duelo finaliza 2-2.

31 DE OCTUBRE – 1961 – LA ALEGRÍA DEL PUEBLO

Martes 31 de octubre de 1961 y Botafogo llegaba hasta el Estadio Nacional. El Fogão tenía en sus filas a Manga, Nilton Santos, Mário Zagallo, Didí, Amarildo y al famoso Mané Garrincha. El encuentro sería una previa de lo que ofrecería Brasil en el venidero Mundial de 1962, por lo que el público y la prensa no escatimaban en elogios para el cuadro de Río de Janeiro. En el Cacique, Hugo Lepe y el refuerzo, Manuel Rodríguez (Unión Española), son las figuras, ya que logran controlar los embates de los talentosos jugadores cariocas. El encuentro finaliza con un triunfo colocolino por 1-0 gracias a la anotación de Francisco *Chamaco* Valdés tras centro de Luis Hernán Álvarez. El rendimiento del Cacique es ampliamente felicitado por los dirigentes del cuadro brasileño, ya que es la primera derrota de los albinegros en la presente temporada. Dos meses después, Botafogo se titularía Campeón invicto del Torneo Carioca 1961.

NOVIEMBRE

---

1 DE NOVIEMBRE – 1972 – GOLEÓ EL CHAMACO FOOTBALL CLUB

Cerca de 64 000 hinchas habían asistido esa tarde al Estadio Nacional, aprovechando el miércoles feriado para ver a ese Colo-Colo brillante de la temporada 1972. Los albos enfrentaban a Rangers de Talca en el principal coliseo nacional. Los albos denotan una singular superioridad sobre los rojinegros, que se hace evidente con una tremenda actuación de Francisco Valdés, que marca seis goles en dicho encuentro, un nuevo récord para el Cacique, puesto que, diecinueve años antes, Jorge Robledo había marcado cinco tantos. La goleada sobre el portero Rodolfo Gerly la completaron Sergio Messen y Fernando Osorio, pero las luces y los flashes se los llevó el hábil volante. Los diarios titularon: "Goleó el Chamaco Football Club".

---

1 DE NOVIEMBRE – 1990 – PRIMER SUPERCLÁSICO EN MACUL

El descenso de Universidad de Chile en 1988 dejó a los azules sin la posibilidad de disputar el Superclásico de manera oficial en el Estadio Monumental durante 1989. Lo cierto es que tuvo que llegar la temporada 1990 para que se midieran ambos equipos oficialmente en Pedreros, ya que pese a enfrentarse ahí en 1989, el encuentro fue en un amistoso benéfico. Más de 61 000 espectadores llegan hasta Macul para presenciar el encuentro, que recién se comenzó a dar vuelta en

favor de los albos, tras la expulsión del volante azul Pedro Massacessi, a los 40 minutos de juego. El resultado final es una victoria por 2-0 en favor del Cacique, con goles de Raúl Ormeño y Marcelo Barticciotto, quienes doblegan la portería de Walter Mella. Los universitarios aún no podían reponerse del paso por Segunda División y tras la derrota quedan colistas de la categoría.

2 DE NOVIEMBRE – 1941 – FINAL EN EL BARRO

El cierre del Torneo Nacional 1941 había llamado mucho la atención, sobre todo por la campaña de Colo-Colo, que ya se coronaba campeón con mucha antelación. Los albos llevaban 16 duelos invictos, sin embargo, Santiago National Juventus casi había terminado con el récord, donde increíblemente los albos habían dado vuelta un 0-2 en contra para terminar venciendo 3-2. Al saberse ya campeones, los jugadores del Cacique empiezan a manifestar su deseo de no disputar los duelos restantes y no pasar las dificultades de 1937, donde hasta último minuto estuvo en riesgo el invicto. Los albos deciden presentarse igualmente en el penúltimo duelo de la temporada ante Green Cross en el Estadio Carabineros. La lluvia no daba tregua, se dejaba caer con fuerza sobre Santiago y la cancha se convertía en un lodazal. Pero eso no impide el lucimiento de los albos, quienes golean 5-1 a los verdes con goles de Alfonso Domínguez (2), Enrique Sorrel (2) y César Socarraz. Como era de esperar, el último duelo ante Bádminton no se jugó.

3 DE NOVIEMBRE – 2005 – PATADAS EN LA ALTURA

Colo-Colo visita la altura de Calama para medirse ante Cobreloa. A pesar de jugarse en día jueves llegan más de seis mil personas hasta el recinto calameño, ya que albos y naranjas animan una potente rivalidad. Lo que se pensaba sería un partido normal entre ambos tenía puesto su foco en las clasificaciones a *playoffs*. Los albos intentan vulnerar a la defensa loína, pero entre el defensor Luis Fuentes y el portero Carlos Ortega evitaron las llegadas colocolinas. Quien rompería la paridad sería el brasileño Leandro, que marca a los 80 minutos de juego para abrir la cuenta en favor de los albos. Ahora bien, los naranjas se van contra la portería de Claudio Bravo y los colocolinos intentan quemar segundos ante la desesperación de los locales. El talentoso Jorge Valdivia, que vive su primera temporada en los albos, aguanta el balón en las cercanías del banderín del córner, recibiendo una fuertísima patada de Jonathan Cisternas, quien ve la tarjeta roja. El público local convierte el estadio en una caldera y empiezan a caer proyectiles a la cancha, hasta que una botella golpea al PF albo Manuel Astorga. No queda otra opción y el juez Rubén Selman finaliza el encuentro a los 87 minutos de juego, con victoria colocolina por 1-0.

4 DE NOVIEMBRE – 1956 – VUELTA OLIMPÍCA ESPECIAL

Santiago Wanderers y Colo-Colo animaron toda la temporada, disputando los primeros lugares del torneo. En momentos de la definición final, el calendario medía a ambos en una verdadera final, en la fecha 24 del campeonato. Los albos anotan, por medio de Jorge Robledo, a los 28 minutos de juego, pero el caturro Reinaldo Riquelme iguala las acciones a los 64 minutos. La igualdad 1-1 se mantiene hasta el final del partido, resultado que titularía a los albos como campeones de la Primera División 1956. En un gesto de caballerosidad, dado el gran rendimiento de los porteños, los albos invitan al cuadro verde para dar una vuelta olímpica conjunta en la tarde del Estadio Nacional.

4 DE NOVIEMBRE – 2006 – EL MEJOR EQUIPO DEL MUNDO

La Federación Internacional de Historia y Estadística de Fútbol (IFFHS) elige a Colo-Colo como el mejor equipo del mundo del mes de octubre de 2006 tras la brillante campaña de los albos en Copa Sudamericana y en el Torneo de Clausura. El Cacique mantuvo un invicto y un rendimiento singular durante los 31 días del mes, destacando los encuentros con Liga Deportiva Alajuelense (4-0 y 7-2), Santiago Morning (2-2), Gimnasia y Esgrima de la Plata (4-1 y 2-0), Cobreloa (2-2) y Universidad de Chile (4-2). Los albos superan en el *ranking* a equipos como Real Madrid, Sevilla, Chelsea, Roma, entre otros.

5 DE NOVIEMBRE – 1933 – EL PRIMER TÍTULO CASI ES ALBO

La temporada debut de la Primera División del fútbol profesional chileno tenía a Colo-Colo y Magallanes igualados en el primer puesto con doce puntos. Los albos solo habían caído en el inicio del torneo, precisamente ante los carabeleros, pero ahora ambos debían animar un nuevo partido de definición para determinar al primer campeón profesional. Hasta Campos de Sports llegan cerca de 4000 personas para ver el clásico entre 'padre e hijo'. Alberto Bravo abre el marcador para los colocolinos ante la sorpresa de los albicelestes. Sin embargo, Arturo Carmona iguala el marcador rápidamente. La victoria para Magallanes llegará a los 71 minutos cuando, en una desafortunada jugada, Clodomiro Lorca marcaría el primer autogol de los albos en el fútbol profesional. La primera estrella alba aún deberá esperar.

6 DE NOVIEMBRE – 1983 – RIVALIDAD TALQUINA

Durante 1983, Colo-Colo y Rangers animaron varios encuentros muy entretenidos. Los dos enfrentamientos en Copa Polla Gol habían dejado una fuerte rivalidad entre ambos. Los talquinos se habían quedado con el triunfo en ambas ocasiones e incluso habían goleado a los albos en un recordado 5-2 en el Estadio Fiscal, con Rubens Nicola como figura. Llegaba el momento de medirse en el Maule, ahora por el Torneo Oficial de Primera División. Los piducanos marcaban por medio de Hugo Solís inaugurando el marcador, mientras que Cristián Saavedra anotaba el empate mediante un lanzamiento penal. El excolocolino Atilio Herrera tendrá en sus pies el triunfo para los talquinos, pero falla el penal frente al golero albo Roberto Rojas. Pese a la igualdad 1-1, en las tribunas la fiesta no para y el anuncio del triunfo del ciclista Roberto Muñoz, en la Vuelta a Chile, genera un cerrado aplauso.

7 DE NOVIEMBRE – 1937 – TEMPORAL DE GOLES

Mientras *La rancherita del Carmen* triunfaba en los cines chilenos, en los estadios Colo-Colo se encaminaba hacia su primer título de Primera División. En el Estadio Militar los albos se medían ante Santiago Wanderers, colista absoluto del torneo. Al momento de iniciar el encuentro, se cumple la lógica y el Cacique se pone en ventaja rápidamente con goles de Tomás Rojas, Carlos Arancibia (3) y Enrique Sorrel. Con un 5-0 en el *score*, se produjo una inusual situación debido a una tormenta de viento y lluvia que obliga a suspender el encuentro, una vez finalizado el primer tiempo.

7 DE NOVIEMBRE – 2010 – EL CLÁSICO DEL BANDERÍN

La lluvia caía con fuerza en el Estadio Nacional. La cancha estaba muy lodosa para el inicio del encuentro entre Colo-Colo y Universidad de Chile, aunque las condiciones permitían jugar dado el buen drenaje de la cancha. A los seis minutos, Esteban Paredes inaugura el marcador con un gran tiro libre. Los azules reaccionan y mediante las anotaciones de Juan González y Matías Rodríguez, se ponen en ventaja en el marcador. El encuentro finalizaba y los universitarios ya comenzaban a celebrar el triunfo, pero un tiro libre a último minuto daba la última esperanza al Cacique. Macnelly Torres le pega al balón y aparece Javier Cámpora para cabecear y decretar el 2-2 en el último suspiro. Los albos celebran el empate efusivamente, aunque la transmisión televisiva muestra que el delantero estaba levemente fuera de juego, lo que no puede ser visto por el guardalíneas, ya que involuntariamente resbala y pierde la vista de la jugada.

8 DE NOVIEMBRE – 2000 – GRACIAS, IVO

Ivo Basay dejó el fútbol a fines de la temporada 1999. Una sucesión de graves lesiones no permite continuar la prolífera carrera del delantero que se transforma en referente de Colo-Colo. Tras casi un año de dejar las canchas, viene el momento de despedirse del público. El Hueso reúne a grandes figuras en la cancha del Monumental como Óscar Ruggeri, Carlos Navarro Montoya, Enzo Francescoli, Marco Antonio Etcheverry, Carlos Mac Allister y otras figuras nacionales, tales como José Luis Sierra, Marcelo Barticciotto, Luis Pérez, entre otros. El pueblo albo despide a uno de los goleadores que se identifica de buena manera con la camiseta de Colo-Colo, aunque once años después volverá al club, pero esta vez a la cabina técnica colocolina.

9 DE NOVIEMBRE – 2017 – COLO-COLO VERSUS COLO-COLO

Colo-Colo Femenino había caído en la definición a penales en la final de Copa Libertadores. Luego de la amarga derrota, ahora se preparaba para enfrentar las semifinales del Torneo Nacional del Fútbol Femenino. Uno de los encuentros de preparación de las albas se produce enfrentando al primer equipo masculino en duelo disputado en el Estadio Monumental. La sección masculina vence por 5-0 con goles de Óscar Opazo, Nicolás Orellana, Iván Morales, Marcos Bolados y Nicolás Maturana. El singular partido es seguido con entusiasmo por la prensa y los hinchas, ya que presenta una oportunidad única de estrechar lazos entre ambos planteles.

10 DE NOVIEMBRE – 2013 – ÚLTIMO SUSPIRO

Gustavo Benítez había llegado por segunda a vez a hacerse cargo del primer equipo de Colo-Colo. Los resultados no se habían dado y la dupla técnica entre Héctor Tapia y Miguel Riffo había sido designada para la cabina técnica. El rendimiento durante 2013 había sido muy irregular y llegaba el momento de un nuevo clásico en el Estadio Monumental ante Universidad de Chile. Gran parte de los hinchas pensaba que esta sería en definitiva la caída del largo invicto de 12 años en Macul ante los azules. Los albos comienzan ganando a través de un colocado disparo de Esteban Pavez, pero los azules empatan mediante un penal inexistente anotado por Charles Aránguiz. El joven delantero, Juan Delgado, marcaba el 2-1 en favor de los albos y celebraba con el banderín emulando aquella tarde gloriosa de Marcelo Espina. Sin embargo, la celebración era apagada veinte minutos después por un gran tiro libre de Ramón Fernández que dejaba sin opción a Justo Villar. A los 89 minutos de juego, cuando el empate parecía ser inevitable, una recuperación de Mauro Olivi y un certero pase a Esteban Pavez, hace que Felipe Flores defina picando el balón ante la salida de Luis Marín. El balón ingresa lentamente a la red y el banderín nuevamente es testigo de una celebración sobre el cuadro universitario.

11 DE NOVIEMBRE – 2002 – LA AUTOQUIEBRA DEL MONUMENTAL

La inmobiliaria Estadio Colo-Colo S.A. se declara en quiebra. La medida la solicita la propia inmobiliaria para evitar el remate de los terrenos del Estadio Monumental. Esta sociedad anónima, fundada en 1956, se utilizó para controlar la propiedad sobre el recinto de Pedreros y pertenecía en un porcentaje mayoritario a Colo-Colo. La jueza Silvia Papa designa a Marcelo Aguayo González como el síndico de quiebras, iniciándose un largo proceso donde el principal activo del Cacique entra en severo riesgo de perderse para siempre.

12 DE NOVIEMBRE - 2004 – EL ÚLTIMO GRAN CAPITÁN

Nueve temporadas en Colo-Colo, cinco títulos, más de 300 partidos y más de 80 goles. Ese era el sello de Marcelo Fabián Espina, notable volante argentino que se despide en la noche del 12 de noviembre de 2004. Sobre Santiago cae una densa lluvia y los truenos resuenan por todo el valle santiaguino. Eso no impide que cerca de 30 000 colocolinos lleguen hasta el Estadio Monumental para despedir al Calamar que reúne a un equipo de figuras de Colo-Colo para enfrentar a su club formador: Platense de Argentina. Se despide el gran capitán en la noche de Macul.

13 DE NOVIEMBRE - 2011 – UN DEBUT CONTINENTAL

Creada en 2009, la Copa Libertadores Femenina se transforma en el gran torneo continental que englobe a los clubes ganadores de las pujantes ligas femeniles de Latinoamérica. Colo-Colo clasifica a la edición 2011 tras ganar el título de Primera División 2010 con un gran plantel. Las albas comparten grupo con Duque de Caixas (Brasil), JC Sport Girls (Perú) y Universidad Autónoma de Asunción (Paraguay). El partido debut se produce con una igualdad 2-2 frente a las paraguayas. El partido se juega en São José dos Campos, en las afueras de São Paulo. La primera actuación de las colocolinas será notable y se convertirán en subcampeonas del torneo en su primera participación.

14 DE NOVIEMBRE – 1926 – EL PRIMER *MATCH* INTERNACIONAL

Una hermosa tarde de domingo acogerá el debut de Colo-Colo en partidos internacionales. El club invitado será Peñarol de Montevideo, quien llega hasta Campos de Sports para medirse ante el joven equipo colocolino. Cerca de 3000 espectadores esperan pacientemente el inicio de la brega, cantidad menor debido al alto precio de los boletos. Ambos equipos ingresan a las 16:36 horas a la cancha, se saludan efusivamente y se entregan obsequios en señal de deportividad. El fútbol inicia y los uruguayos rápidamente demuestran la ventaja del fútbol del Atlántico, goleando a los albos por 5-1, con goles de Pablo Terevinto (2), Juan Peregrino Anselmo (2) y Arturo Suffiotti;para los albos, el descuento lo anota Humberto Moreno. Tras el partido, el capitán colocolino David Arellano se dirige a agradecer al capitán rival José Benincasa. "Le agradezco la lección que nos han dado", se sinceró caballerosamente la figura colocolina. El Cacique comienza a preparar su aventura internacional que lo llevará a conocer nuevas canchas y modos de juego.

15 DE NOVIEMBRE – 1953 – CINCO VECES ROBLEDO

Seis años habían pasado desde el último título colocolino. Los hinchas del Cacique, definitivamente, veían a Colo-Colo resurgir luego de una increíble campaña donde anotan 80 goles en solo 26 partidos. La llegada de los hermanos Robledo había logrado entusiasmar nuevamente a la gente y el Cacique estaba *adportas* del nuevo título, pero debía enfrentar a su clásico rival: Magallanes. No obstante, los dirigidos de Plattkó aplastan a los carabeleros por 8-3 con goles Juan Aranda, Mario Castro, Atilio Cremaschi y ¡cinco anotaciones! de Jorge Robledo. El Gringo se convierte en récord de anotaciones con su 'manita' y los albos levantan el sexto torneo de Primera División.

16 DE NOVIEMBRE – 1986 – SUPERCLÁSICO MASIVO

El récord de asistencia en Superclásicos se produce el 16 de noviembre de 1986 cuando 77 848 personas asisten al Estadio Nacional para el partido entre Colo-Colo y Universidad de Chile. Con singular entusiasmo, las barras de ambos equipos alientan a su equipo desde las tribunas, incluso los hinchas del Cacique disfrazan a un cerdo con la camiseta azul. El partido finaliza igualado 1-1 con goles de Fernando Astengo para los albos y Patricio Reyes para los azules. El *León* Astengo, al ser consultado por el gol, recuerda:"Nunca se me borró esa imagen. Era como un terremoto, por el griterío".

17 DE NOVIEMBRE – 1996 – CAMPEONES OTRA VEZ

Casi tres años habían pasado desde que el Cacique había conquistado por última vez el título de Campeón de Primera División. El sorprendente resurgimiento de Universidad de Chile y el buen nivel de Universidad Católica habían imposibilitado mejores colocaciones en la tabla para los albos. Esta vez los dirigidos de Gustavo Benítez tenían la posibilidad de campeonar, inclusive empatando frente a Audax Italiano en el Estadio Monumental. Los itálicos volvían a la máxima categoría luego de diez años y sorprendían escalando hasta el cuarto puesto del torneo. La cancha de Pedreros se repleta con 58 051 personas, que ven cómo Fernando Vergara decreta el 1-0 recién a los 62 minutos de juego. Los floridanos igualan el encuentro al minuto 90 con anotación del excolocolino Claudio Borghi, que con un sutil 'cachetazo' vence a Claudio Arbiza. La alegría colocolina es increíble y la gente celebra un nuevo título con uno de los planteles más sólidos de la década del noventa.

18 DE NOVIEMBRE – 1951 – BOTELLAS EN EL TRANQUE

Colo-Colo y Everton se miden en el estadio El Tranque de Viña del Mar por la liguilla que dirimirá al Campeón del Torneo Nacional 1951. En las tribunas 16 110 personas observaban el desenlace del crucial duelo. Albos y ruleteros animan un entretenido encuentro, que de a poco se transforma en una verdadera batalla dentro y fuera de la cancha. El colocolino Maric Castro anota el 1-0 a los 13 minutos de juego, desatando las pifias del público local. Los evertonianos querían retener el título a toda costa, pero se empiezan a impacientar tras la anulación de un tanto por parte del árbitro Charles Mackenna y luego por un penal perdido por Sergio Álvarez. La peor parte la saca el referí inglés, quien recibe un fuerte botellazo, desde una de las tribunas del estadio, que lo hace caer al suelo. El encuentro corre

riesgo de suspensión, pero se continúa pese a las circunstancias. Los albos consiguen el triunfo ante el enardecido público local.

19 DE NOVIEMBRE – 1944 – BATAHOLA EN EL NACIONAL

Polémico *match* en el Estadio Nacional. Magallanes se adelantaba en el *score* y vencía 1-0 a Colo-Colo en las postrimerías del partido. Faltaba poco tiempo para terminar el encuentro, sobreviene la discusión y los posteriores golpes entre jugadores. El público, que se había enfervorizado ante la discusión de los futbolistas, ahora ingresa a la cancha. El juez Adolfo Regginato decide suspender el duelo. Finalmente, la Federación determina que el duelo debe repetirse a raíz de las impresiones del primer encuentro. Ambos clubes son multados con $400. La repetición del encuentro se realiza el 26 de noviembre.

20 DE NOVIEMBRE – 1942 – UNA TAPA A COLOR

La revista *Estadio* era el principal *magazine* deportivo de Chile desde mediados de 1941, cuando salió a la venta por primera vez, buscando emular a los famosas tirajes de *Don Severo o Los Sports,* que durante años habían informado acerca del deporte. En la edición n.° 31 del 20 de diciembre de 1942 se incorpora un nuevo adelanto: una tapa y contratapa a todo color. La primera tapa dura,a color, de la famosa revista, no podía sino tener a futbolistas de los equipos más populares del momento. Es por eso que aparecen en portada los arqueros Carlos Pérez de Magallanes y Obdulio Diano de Colo-Colo.

21 DE NOVIEMBRE – 1937 – EL PRIMER TÍTULO DE PRIMERA DIVISIÓN

"Colo-Colo aseguró ayer el primer puesto del torneo profesional", decía el titular del diario *La Nación* de la mañana siguiente. Y fue claramente así, porque el Cacique vapuleó a Audax Italiano por 7-2 en la penúltima fecha de la Primera División. En la cancha del Estadio de Carabineros, más de 8000 personas se dieron cita para ver el encuentro entre albos e itálicos. Para Colo-Colo anotan Carlos Arancibia (2), Arturo Carmona (2), Enrique Sorrel (2) y Tomás Rojas. El cuadro itálico llega al gol con tantos de Moisés Avilez y Hernán

Bolaños. El Cacique celebra con emotividad y prestancia la obtención del primer título en la División de Honor.

21 DE NOVIEMBRE – 2006 – TRIUNFO EN MÉXICO

En Santiago, Colo-Colo se había impuesto por 2-1 ante Toluca por las semifinales de Copa Sudamericana. La vuelta —ante los dirigidos del Tolo Gallego— se disputaba en el Estadio Nemesio Diez, donde los locales pondrían todo su poder ofensivo para llegar a la gran final. Pero no cuentan con el nivel de Matías Fernández, que vuelve a deslumbrar a todo el continente con una gran actuación que le permite anotar a los 14 y 58 minutos de partido. Los albos quedan encaminados a una nueva final continental, esperando el resultado entre Pachuca y Atlético Paranaense.

22 DE NOVIEMBRE – 1972 – CANALEROS EN ÑUÑOA

Veinte años habían pasado desde la última vez que la selección de Panamá había visitado Santiago. La idea del seleccionado centroamericano era enfrentar a su par de Chile, pero La Roja desiste del amistoso. Ante eso, aparece la oportunidad de medirse ante Colo-Colo. En la cancha del Estadio Nacional, los albos se dan un festín goleador. En el preliminar, la división femenina colocolina golea 16-1 al club Marie Claire. En el *match* de fondo, los albos vencen a los canaleros con un contundente 8-0 ante unas 15 000 sorprendidas personas. Los goles del Cacique fueron anotados por Carlos Caszely (4), Francisco Valdés, Elson Beyruth, Pedro García y Fernando Osorio.

22 DE NOVIEMBRE – 2019 – FÚTBOL EN EL ESTALLIDO SOCIAL

Unos trescientos hinchas de Colo-Colo protestan en las afueras del Estadio Monumental en contra de la reanudación del torneo local tras la ola de manifestaciones sociales que ocurren desde el 18 de octubre de 2019. Los hinchas, descolgados de algunas facciones de Garra Blanca, encienden barricadas en avenida Marathon. El hecho más emblemático viene cuando parte del grupo abordó dos buses y

se trasladó hasta el Estadio Bicentenario de La Florida con el afán de suspender el encuentro entre Iquique y Unión La Calera. A los 68 minutos de juego, los hinchas ingresan tras forzar los portones de acceso. La ANFP decidió suspender toda la fecha, ya que, tras los hechos, Colo-Colo y Coquimbo acordaron no presentarse en el duelo que se jugaría a las 11:30 del sábado 23 de noviembre en el Estadio Monumental.

23 DE NOVIEMBRE – 1975 – RAÚL, JUEGA TRANQUILO

Momentos cruciales vivía Colo-Colo en la temporada 1975. Solo 3 victorias en las últimas 15 fechas tenían al equipo albo en medio de una crisis. Orlando Aravena, DT de los albos, decide citar a un joven de 17 años, que era promesa de las inferiores colocolinas: Raúl Ormeño. El volante era reconocido por muchos como el sucesor de *Chamaco* Valdés, respondiendo cabalmente a las expectativas en su duelo debut frente al Palestino de Caupolicán Peña. Esa tarde de noviembre, el Cacique vencería 2-1 a los árabes con anotaciones de Juan Carlos Orellana y Jorge Dubanced. Ormeño asistirá al Bigote para marcar cifras definitivas y, además, protagonizará un inusual duelo con el ahora palestinista Sergio Ramírez, quien había sido su entrenador en las inferiores albas. "Raúl, juega tranquilo, mira bien, tómate tu tiempo", le recomendaba el Keko.

24 DE NOVIEMBRE – 2004 – LOS REFUERZOS DE DABROWSKI

El mercado de invierno había traído cuatro refuerzos extranjeros para Colo-Colo: Darío Cajaravilla, Germán Real, Marcelo Verón y Adrián Fernández. Las flamantes adquisiciones fueron ampliamente criticadas por la prensa, dado que venían del ascenso trasandino y por el bajo nivel que mostraron en las primeras fechas. No obstante, recibían el cariño de la gente por su esfuerzo y ganas en la cancha. Sin embargo, los refuerzos se reivindican con una goleada en el inicio de los *playoffs* del Clausura 2004. Una paliza 7-3 sobre Coquimbo Unido es testigo de los golazos de *Carucha* Fernández, Real y Cajaravilla. Tras la singular cuota goleadora, Radio W lanza una jocosa apuesta en medio del partido: "Si marcan todos los refuerzos hoy, cortamos transmisiones". Estuvieron a punto cuando Verón estuvo a punto de anotar.

25 DE NOVIEMBRE – 2012 – LA LIBERTADORES SE TOCA DE NUEVO

Colo-Colo Femenino hace historia durante la Copa Libertadores 2012. Tras una gran campaña, se posicionan en la final del certamen disputado en Pernambuco. El rival es el conjunto de Foz Cataratas. En las canchas chilenas y brasileñas no se dan ninguna ventaja, terminando el encuentro con una igualdad sin goles. Luego vino la definición por penales y la portera colocolina, Christiane Endler, se transforma en figura conteniendo dos disparos. La definición finaliza 4-2 a favor de las albas con goles de Claudia Soto, Francisca Lara, Karen Araya y Gloria Villamayor. Colo-Colo, junto a Santos de Brasil, son los únicos clubes en obtener la copa tanto en varones como en damas. Además, José Letelier (DT) se transforma en el primero en ganarla como miembro del plantel en sus ediciones masculina (1991) y femenil (2012).

26 DE NOVIEMBRE – 1996 – EL BANDERÍN DE ESPINA

Colo-Colo y Universidad de Chile se medían nuevamente en el Estadio Nacional por Copa Chile. En la ida, los azules vencen en el Monumental por 2-3 en un partido marcado por los incidentes en las tribunas y en la cancha. En la vuelta, los albos cobran venganza y se imponen por 2-0 en el Estadio Nacional. Ivo Basay abre la cuenta mediante lanzamiento penal, a los 5 minutos de juego. Mientras tanto, el gol del triunfo lo anota Marcelo Espina con un formidable tiro libre que hace estéril el esfuerzo del golero azul Aníbal Pinto. La alegría de Espina contagia a la gente con un gesto único, pues enarbola la camiseta colocolina en lo alto del banderín de córner. Una celebración que será emulada reiteradamente en el futuro.

27 DE NOVIEMBRE – 1994 – ELECCIONES POLÉMICAS

Eduardo Menichetti y Peter Dragicevic se medían en las nuevas elecciones presidenciales colocolinas. Luego de haber trabajado

juntos en el club durante cuatro años, hoy la relación entre ambos se había crispado. Incluso los hinchas y socios se abanderaban por cada bando. De esta forma, los comicios colocolinos reúnen a un sinnúmero de socios que se vuelcan a las urnas para elegir al nuevo regente de los albos para el nuevo período. Hasta el Monumental llegaban incluso ilustres personajes como el exdictador Augusto Pinochet, que haciendo valer su cuestionado rol de presidente honorario llega a emitir su voto a la mesa n.° 35. El resto de los hinchas se apegan a los parlantes para oír el partido que los albos disputan en Osorno. La jornada eleccionaria finaliza con el triunfo de Dragicevic, quien vuelve a la presidencia, lugar que no dejará hasta 2002.

28 DE NOVIEMBRE – 1937 – DE ATRÁS PICA EL INDIO

Colo-Colo había campeonado la fecha anterior ante Audax Italiano, por lo que ahora el enfrentamiento ante Bádminton debía jugarse como compromiso de fin de temporada. Los albos deciden jugar para garantizar la continuidad financiera del torneo y también para confirmar su calidad de 'campeón invicto' del Torneo. Pero el rodillobuscaba evitar a toda costa que los albos celebraran en su cara. Los colocolinos abrían la cuenta por medio de Enrique Sorrel a los 18 minutos, pero Felipe Saldívar y Francisco Miranda (2) daban vuelta las acciones quedando 1-3 el marcador. En las tribunas los hinchas masticaban la rabia y en la cancha los albos buscan vencer la portería de Germán Droguett. A los 77 minutos, unatole-tole en el área rival termina con el descuento, pero el tiempo se acababa. Se hacen incesantes los ataques colocolinos y, faltando un minuto para el final del encuentro, aparece Tomás *Rata* Rojas para marcar el 3-3 definitivo. Alegría en los jugadores e hinchada del invicto Colo-Colo. Se acuña la frase: *"De atrás pica el indio"*.

29 DE NOVIEMBRE – 1970 – EL TREN DE CASZELY

Casi 14 000 personas atiborraban el Estadio Municipal de Temuco. La alegría de los sureños por recibir a Colo-Colo había generado que una multitud concurriera hasta el coliseo. Al frente de los albos se ubicaba Green Cross Temuco, elenco que peleaba los puestos de avanzada de la Zona B del Torneo Nacional. El Cacique, sin embargo, había sufrido una baja sensible de último momento, ya que Carlos

Caszely pierde el tren que lo llevaría desde Santiago a la Araucanía. Al embarcarse al día siguiente, Caszely no alcanza a completar el descanso y el DT, Francisco Hormazábal, se decide por Pedro Pinto como titular. A los 53 minutos, el Chino saltaba a la cancha en reemplazo de Pinto, pero increíblemente era expulsado tras solo 18 minutos en cancha. Hormazábal buscaba explicaciones ante la actitud de su pupilo, ya que, tras unos minutos, los verdes igualaban el marcador para decretar un definitivo 2-2. La molestia de los directivos es tal que el delantero es sancionado con la mitad de sueldo.

30 DE NOVIEMBRE – 1991 – CACIQUE MADRUGADOR

Las fechas habían coincidido casi exactamente para Colo-Colo durante 1991. Tras el título continental, los albos habían debido recuperar una serie de partidos por el Torneo Nacional y otros cuantos por Copa Chile. Sin embargo, esa acotada planificación tenía un problema, ya que llegaba el momento de emprender la aventura hasta Tokio, Japón. En ese lugar se realizaría la Copa Intercontinental frente al Estrella Roja de Belgrado. El vuelo es programado para la tarde del sábado 30 de noviembre, por lo que causa sorpresa el horario en que los albos programan el partido frente a Palestino en el Estadio Monumental. Los árabes, conscientes de la importancia del encuentro, deciden aceptar la hora de programación e incluso se animan a aportar cinco millones a la Teletón que se desarrollaba ese mismo día. El duelo se inició a las 10:30 horas.

30 DE NOVIEMBRE – 1996 – COPA CHILE QUERIDA

Colo-Colo se había coronado Campeón del torneo de Primera División 1996 con solo algunos días de anticipación. Ahora el Cacique debía luchar por el título de la Copa Chile 1996. Esta vez el rival era un duro elenco de Rangers de Talca, club que daba pelea frente al Cacique. En la ida, disputada en el Estadio Fiscal, igualan 1-1, con goles de Manuel Andrade y Héctor Tapia. Mientras que la vuelta se disputa el sábado 30 de noviembre en el Estadio Monumental. Otra vez los piducanos dan dura batalla, pero *Tito* Tapia vuelve a convertir —ahora a los 38 minutos— para marcar la única cifra del encuentro. De esta manera el capitán Ivo Basay recibía la Copa Chile 1996, el segundo trofeo en menos de un mes para los jugadores del Cacique,

que dan la vuelta olímpica abrazados, ante una hinchada que goza del 'reverdecer de laureles' bajando la décima Copa Chile.

DICIEMBRE

1 DE DICIEMBRE – 1929 – SE VIENE LA LUZ

A raudales se acercaba el clímax del verano santiaguino. Los clubes debían hacer programaciones bastante aventuradas para evitar el sofocante calor del valle del Mapocho. Colo-Colo no sufría mayormente y goleaba 6-0 al Santiago FC en Campos de Sports con goles de Óscar González, Guillermo Subiabre (2), Enrique Jaramillo, Waldo Sanhueza y Ernesto Chaparro. Los encuentros de la Liga Central de Football no eran impedimento para que la dirigencia del Cacique trazara las primeras ideas con respecto a jugar duelos de manera nocturna y así evitar el calor. Antes del encuentro dominical se muestran ya los focos con que se instalará el nuevo sistema de iluminación del recinto futbolístico. Los dirigentes albos estiman en 200 focos —de unas 1000 bujías cada uno— los necesarios para una correcta vista nocturna. Lamentablemente tendrán que pasar cuatro años para que la idea se concrete definitivamente.

2 DE DICIEMBRE – 1962 - ¿SAMPDORIA O COLO-COLO?

La llegada de Jorge Toro al cuadro italiano de Sampdoria desató la admiración de muchos hinchas por aquel equipo genovés. Es más, para el partido entre Colo-Colo y Santiago Morning, a disputarse el 2 de diciembre, los albos visten una singular indumentaria que emula la camiseta azul franjeada del elenco italiano. Versiones de prensa indican que fue el propio Toro quien envió las camisetas, pero luego

son desmentidas. El homenaje de los albos sorprende a los 71 641 asistentes al Estadio Nacional, que ven como colocolinos y bohemios igualan 2-2.

3 DE DICIEMBRE – 1997 – LA LESIÓN DE IVO

La temporada 1997 del delantero colocolino, Ivo Basay, arrojaba números increíbles. El atacante había anotado 13 goles en el Torneo Nacional, 8 goles en Copa Libertadores y 8 goles en la Supercopa. Cuando se aprontaba por cerrar el provechoso año, viene el momento más triste de la carrera de Basay, ya que se lesiona gravemente en el duelo entre Colo-Colo y Coquimbo Unido tras ser golpeado alevosamente por el portero coquimbano, Carlos Tejas, a la entrada del área rival. El resultado es una dolorosa rotura de ligamentos que lo mantiene alejado por siete meses de las canchas. Desde ese día, la carrera del Hueso no vuelve a ser la misma.

4 DE DICIEMBRE – 1938 – INAUGURACIÓN DEL ESTADIO NACIONAL

El sábado 3 de diciembre de 1938 era inaugurado el Estadio Nacional de Chile en una magnifica ceremonia. El recinto, ubicado en el corazón del gran Santiago, ahora debía recibir el primer partido de fútbol al día siguiente. El gobierno había apostado por Colo-Colo en su rol de campeón vigente y gran arrastre de público. A las 17:15 horas, las repletas graderías del coloso ñuñoíno presencian la victoria por 6 goles a 3 sobre el cuadro brasileño de São Cristóvão. El club carioca era el reciente vicecampeón del torneo municipal carioca y tenía como figuras a Afonsinho y Roberto, que brillaran con la selección brasileña en el Mundial de Francia 1938. El Cacique formó con Eduardo Simian, Arturo Carmona, Óscar Ellis, Juan Montero, Salvador Nocetti, Óscar Medina, Roberto Luco, Carlos Arancibia, Raúl Toro Julio, Tomás Rojas y Enrique Sorrel.

5 DE DICIEMBRE – 1984 – CONOCIENDO EL COBRE

Cinco años habían pasado desde la fundación de Cobresal, al alero del mineral de El Salvador, campamento enclavado a 2600 msnm en pleno desierto de Atacama. Colo-Colo ya había visitado el pueblo en la década del setenta, enfrentando a un combinado local cuando la cancha aún era de tierra, pero no había tenido la oportunidad de jugar fútbol profesional en dicho lugar. Llegaba el momento de enfrentar a los mineros en el pasto y por los puntos. Al Estadio El Cobre asisten 10 358 personas, quienes ven cómo los salvadoreños se quedan con la victoria por 2-0 con goles de Nelson Pedetti y Carlos Solar. El Cacique finaliza con nueve jugadores en cancha, tras la expulsión de Carlos Caszely y Luis Hormazábal.

6 DE DICIEMBRE – 2015 – UN TÍTULO EXTRAÑO

Colo-Colo visitaba Playa Ancha para medirse ante Santiago Wanderers en la última fecha del Torneo de Apertura 2015. Los albos tenían las opciones más serias de campeonar, aunque seguidos de cerca por Universidad Católica. El ambiente en Valparaíso estaba tenso, ya que los barristas caturros deciden organizar un boicot contra el partido, ya que no aceptarían que los albos se coronaran campeones en su cancha. Los incidentes comienzan varias horas antes del encuentro en el centro de Valparaíso y poco a poco llegan hasta el Estadio Elías Figueroa. Sin embargo, albos y porteños saltan a la cancha, pero al cabo de algunos minutos, barristas de ambos clubes invaden el campo de juego. Los árbitros deciden suspender el encuentro ante la falta de garantías y los colocolinos deben conformarse con seguir desde el camarín el desenlace del encuentro entre Universidad Católica y Audax Italiano, que sellaría el título albo, puesto que los cruzados caen en La Florida. La alegría contenida por los colocolinos desemboca con los jugadores celebrando improvisadamente en la cancha la estrella n.° 31 del Cacique. El encuentro suspendido se termina jugando el 13 de enero de 2016 a puertas cerradas (1-2).

7 DE DICIEMBRE – 1941 – UN HIMNO CONTRA RIVER PLATE

Colo-Colo había logrado el título de Primera División 1941. Tras el cierre de la temporada, disputa varios amistosos con clubes argentinos como San Lorenzo y Huracán. Ahora llegaba el turno de River Plate, popular cuadro trasandino que llegaba liderado por Pedernera, Moreno, D'Alessandro, etc. Antes de iniciar el cotejo, los colocolinos disfrutaron de la interpretación del debutante himno oficial de Colo-

Colo, creado por Carlos Casassus y Javier Renjifo. En la cancha, la superioridad argentina no se hace esperar, pero el peruano César Socarraz logra abrir la cuenta para el Cacique. Pese a esto, Carlos Peucelle logra equiparar las acciones, dejando un definitivo 1-1. Los albos quedan contentos pese al empate, sobre todo por la actuación del golero albo Obdulio Diano.

8 DE DICIEMBRE – 1932 – DERRUMBE EN EL ESTADIO ITALIANO

Diez mil personas asisten al Estadio Italiano para la definición del título de Campeón de Santiago entre Audax Italiano y Colo-Colo. Los albos tienen como gran figura a Iván *Chincolito* Mayo, quien logra anotarle rápidamente a los itálicos en dos ocasiones. A los 35 minutos, el marcador estaba 2-1 en favor del Cacique, cuando una de las sobrepobladas tribunas cede ante la cantidad de espectadores. Este hecho provoca gran confusión, incluso desatando agresiones entre el público. El saldo es de poco más de un centenar de heridos e incluso hay versiones que hablan de tres a cuatro muertos. El duelo se suspende y la Asociación declara el título compartido para ambos equipos. El estadio es clausurado.

8 DE DICIEMBRE – 1991 – UNA ESTRELLA ROJA

Luego de un largo viaje, Colo-Colo llegaba a Tokio para enfrentar la Copa Intercontinental, competencia que destacaría al campeón del mundo entre el campeón sudamericano y el europeo. El rival era el equipo de Estrella Roja de Belgrado, flamante campeón de la Copa de Campeones de la UEFA 1991, trofeo que en la actualidad sería similar a la actual Champions League. Los serbios presentan un juego sólido, mientras que los colocolinos, al parecer, no despiertan del *Jet lag*. Mirko Jozic intenta levantar a sus pupilos, pero son ampliamente superados pese a jugar con un hombre más desde los 44 minutos de juego. Vladimir Jugović (2) y Darko Pančev decretan el 3-0 con lo que los balcánicos se consideraron campeones del mundo. El defensor Siniša Mihajlović también se transforma en una de las figuras más notorias.

9 DE DICIEMBRE – 2009 – VUELTA OLÍMPICA EN SANTA LAURA

El Cacique había desperdiciado la chance de aprovechar su localía en la ida de la final del Clausura 2009, solo un empate 2-2 ante Universidad Católica en el Estadio Monumental. Esto no representaba una gran cuenta de ahorro para el duelo de vuelta de la gran final de la competencia local. Gran sorpresa en los colocolinos, ya que Rodrigo Valenzuela anota antes del minuto de juego para los cruzados. Con el resultado cuesta arriba, los colocolinos se vuelcan sobre el arco defendido por Paulo Garcés. Los intentos dan fruto, ya que Charles Aránguiz y Esteban Paredes ponen en ventaja al Cacique, pero Roberto Gutiérrez iguala el marcador nuevamente. Dos minutos después del empate cruzado, llegarán dos goles en favor de Colo-Colo, uno perteneciente a Esteban Paredes, que completa el doblete, y otro gol de Cristián Bogado en las postrimerías del encuentro. De esta forma los albos celebran un nuevo título y con un global de 6-4 sobre el cuadro universitario.

9 DE DICIEMBRE – 2017 – ABRAZOS EN COLLAO

Los albos habían estado muy cerca de abrochar el título del Transición 2017 una semana antes contra Curicó Unido,pero otros resultados lo empujan a decidir todo en el hermoso Estadio Ester Roa de Concepción. En Collao —ante 27 000 personas— los albos se miden ante Huachipato, un duro escollo en el camino al título. Sin embargo, la ruta se comienza a hacer más fácil tras la apertura de la cuenta por medio de lanzamiento penal de Jaime Valdés, recién a los 74 minutos de partido. Luego de esto vendrían las cifras de la tranquilidad con anotación del uruguayo Octavio Rivero y al cierre del encuentro por medio del canterano Nicolás Orellana. Los dirigidos de Pablo Guede celebran la obtención de la 32.° estrella de Primera División.

10 DE DICIEMBRE – 1960 – LA ESTRELLA DE CARRASCO

Tras el titubeante inicio de torneo de Flavio Costa, el profesor primario, Hernán Carrasco, llegó a la dirección técnica de Colo-Colo con solo 32 años de edad. La apuesta de la directiva funciona

a la perfección y, bajo su dirección, el Cacique vuelve a la pelea por el torneo local ante poderosos rivales como Universidad de Chile, Everton y Santiago Wanderers. Los albos llegan a la última fecha con una mínima ventaja sobre los porteños, por lo que debían vencer a Rangers para lograr el título. El marcador final es un 5-2 en favor de Colo-Colo, con anotaciones de Bernardo Bello, Jorge Toro, Enrique Hormazábal y Juan Soto Mura (2). La celebración final, realizada tres días después ante San Lorenzo (2-1), fue engalanada con la presencia de los herederos de los últimos títulos colocolinos: Iván Mayo (1932-Amateur), Carlos Arancibia (1937), Óscar Medina (1941), Gilberto Muñoz (1944), Jorge Peñaloza (1947), Mario Castro (1953), José Campos (1953) y Francisco Valencia (1957).

11 DE DICIEMBRE – 1977 – ERRÁTICO DEBUT

La primera vez en cancha de Luis Hormazábal había sido el 18 de septiembre de 1977 cuando los albos presentaron una alineación juvenil —en señal de protesta— ante Audax Italiano. Luego vinieron algunas citaciones, pero no se producía el esperado debut con el primer equipo. La oportunidad podría llegar recién el 11 de diciembre, ya que Chupete estaba citado para viajar a Coronel a enfrentar a Lota Schwager, en lo que sería su primer viaje en avión. El Cacique logra una ventaja de 2-0 con goles de Julio Crisosto y Luis Alberto Ramos. Cuando el encuentro está por finalizar, el técnico Sergio Navarro decide dar la oportunidad al juvenil colocolino. Los nervios del debut le pasan la cuenta y Carlos Linaris descuenta tras error del defensor. Luego viene un nuevo error y gol de Manuel García para el empate minero. Pasan unos minutos y otra vez error de Chupete al cometer penal. Pablo Díaz lanza el penal y afortunadamente contuvo Adolfo Nef. Un debut para el olvido que dejo a mal traer a Hormazábal, que solo pensaba en dejar el fútbol. Sin embargo, tras escuchar los consejos de sus compañeros, decidió permanecer en el primer equipo. En el duelo siguiente fue figura y no volvió a perder la titularidad por casi nueve años.

12 DE DICIEMBRE – 1970 – EL AUTOGOL MÁS BONITO

Inicia la liguilla por el campeonato: Colo-Colo y Universidad de Chile se miden en el Estadio Nacional. Una multitud de 61 945 espectadores se habían dado cita en la cálida noche de diciembre. En la cancha los albos buscaban superar a los azules, a quienes no habían podido vencer durante la temporada en curso. Nuevamente los albos sorprendían alineando desde el inicio a Leonel Sánchez, ícono de los universitarios que defendía a los colocolinos por esa temporada. Elson Beyruth abre la cuenta para el Cacique con un gran disparo que deja sin opción al golero azul Adolfo Nef. El osornino Rubén Marcos iguala el marcador, dos minutos más tarde, tras una confusa jugada en el área colocolina. Sin embargo, el Cacique logra el triunfo 2-1 tras otra jugada difícil cuando Guillermo Yávar, en su afán por despejar, manda el balón al arco azul. "Se equivocó de arco parece, porque le salió un autogolazo", dicen los cronistas deportivos.

---

13 DE DICIEMBRE – 1998 – LA TARDE DE MURCI

Una cerrada lucha entre Colo-Colo y Universidad de Chile llegaba a su fin con el último partido de la temporada, donde solo un punto separaba a ambos equipos. El Cacique había logrado derrotar a Cobreloa y Deportes Concepción, los últimos dos grandes escollos antes de llegar a la fecha final. El rival será Deportes Iquique, que coronaba su regreso a la máxima categoría con un meritorio 8.° puesto. Más de 60 000 personas asisten al Estadio Monumental. A los 15 minutos, Héctor Tapia abre la cuenta para los albos, pero a los 67 minutos aparece Jaime Lopresti para la igualdad iquiqueña. Insistentemente los colocolinos se vuelcan sobre la portería de Jacob Barraza, hasta que aparece el gol del triunfo a los 82 minutos. El autor del gol es Francisco *Murci* Rojas, quien captura una seguidilla de rebotes para decretar el 2-1 final. Esto desata la algarabía colocolina de alcanzar el bicampeonato.

---

13 DE DICIEMBRE – 2006 – UNA NOCHE TRISTE

Colo-Colo y Pachuca se enfrentaban en la gran final de Copa Sudamericana 2006. El duelo de ida había finalizado 1-1 en el Estadio Hidalgo, por lo que el Cacique tenía una leve ventaja para poder definir como local. La expectación es importante y más de 70 000 personas llegan hasta el Estadio Nacional, lugar desde donde se ejerce la localía tras los incidentes ocurridos contra Gimnasia y Esgrima. La cuenta la comienza abriendo Humberto Suazo. Sin embargo, los mexicanos

reaccionan y logran igualar por medio de Gabriel Caballero. Minutos después del empate, Christian Giménez deja caer un balde de agua fría en Ñuñoa, decretando el 1-2 en favor del cuadro tuzo. La tardanza en los cambios y los errores posicionales condenaron a los albos a la derrota, quedándose con un triste subcampeonato en un torneo donde Colo-Colo había brillado de principio a fin.

14 DE DICIEMBRE – 2016 – CAMPEÓN A 37 GRADOS

Colo-Colo y Everton llegaban a la final de la Copa Chile 2016. El partido final tenía como escenario el Estadio Nacional, hasta donde llegan 33 419 espectadores. Las condiciones meteorológicas eran extremas para el partido, puesto que el termómetro se eleva hasta los 37,3 °C, la temperatura más alta en diciembre en 101 años. También se producen otras curiosidades, ya que se prueban seis árbitros en cancha. En el rectángulo de pasto, los albos pasan por encima de los ruleteros propinándoles un 4-0 con goles de Octavio Rivero, Esteban Paredes (2) y Ramón Fernández. De esta forma, Colo-Colo alcanza su onceava Copa Chile, celebrando con el histórico trofeo de 14 kilógramos, que casi cae de las manos de Gonzalo Fierro y Esteban Paredes.

15 DE DICIEMBRE – 1968 – EL KARATECA SANTANDER

Rangers de Talca preparaba la fiesta para recibir a Colo-Colo en el Estadio Fiscal. Las tribunas recibían a 10 961 personas para ver el encuentro entre ambos equipos, dejando casi 40 000 escudos en las boleterías. Elson Beyruth marca a los 17 minutos la apertura de la cuenta, hasta que, 10 minutos más tarde, Sergio Ramírez amplía el marcador. Los piducanos no decaen y vuelven a insistir sobre la portería alba, defendida por Efraín Santander hasta que consiguen un descuento a los 75 minutos, a través de un penal servido por Carlos Díaz tras mano de Orlando Aravena. El entusiasmo de los rojinegros los lleva a entrar en el juego brusco, puesto que, a los 87 minutos, Rolando Monti agrede a Carlos Caszely. La situación produce un conato entre varios jugadores, donde terminan expulsados el propio Monti, Óscar Montalva y los porteros Idelfonso Rubio y Efraín Santander. El espigado golero colocolino termina enfrentándose a Carabineros y hasta el jefe de la barra local, terminando en la comisaría. El duelo se suspende cuando faltan tres minutos por jugar.

15 DE DICIEMBRE – 1999 - CAMPEÓN HAY UNO SOLO

La temporada 1999 había empezado muy bien para Colo-Colo, pero desde el segundo trimestre las cosas se habían tornado irregulares para el Cacique, quedando a mucha distancia de Universidad de Chile, que se corona campeón. El final de la liguilla por el título terminaría con un enfrentamiento entre ambos equipos. Los azules ya campeones por amplia diferencia, aprovechan el encuentro para dar la vuelta olímpica antes del encuentro, celebrando antes del pitazo inicial. En el partido, los albos son muy superiores y le propinan un 3-0 a los azules con goles de Marquinhos, Luis Ignacio Quinteros y José Luis Sierra. La celebración de los universitarios no surge efecto y los albos aprovechan para mostrar una singular polera escrita que llevan tras la camiseta: "Campeón hay uno solo".

16 DE DICIEMBRE – 1972 – EL TÍTULO PERFECTO DEL ZORRO

A principios de 1972, Luis Álamos llegaba a Colo-Colo con el ímpetu de llevar al equipo a un nivel de juego semejante a lo que había desarrollado en Lota Schwager y Universidad de Chile. La apuesta del presidente Héctor Gálvez había sido bastante fuerte y arriesgada en ese sentido. Habían pasado 32 partidos y en Concepción llegaba la oportunidad de obtener el título que se luchaba con Unión Española. En los pastos de Collao, los albos se medían con Huachipato, mientras que 26 052 espectadores llenaban el coliseo penquista. A los 16 minutos, Francisco Valdés abre la cuenta para los albos, mientras que un veinteañero Miguel Ángel Neira iguala para la usina finalizando el encuentro. Pese a la igualdad, los dirigidos por el Zorro terminan celebrando el título, registrando una sorprendente estadística en cuanto a rendimiento y recaudación. Los hinchas fueron los más felices, quienes invadieron el campo de juego para felicitar a los jugadores del Cacique.

16 DE DICIEMBRE – 1979 – VUELVEN LOS ABRAZOS

Palestino había festejado el título de 1978 precisamente frente a los albos. Ahora bien, llegaba el momento de devolver la gentileza en el torneo siguiente. Los dirigidos de Pedro García tienen una gran campaña en 1979 y alcanzan los primeros puestos durante gran parte del torneo. Casi 40 000 personas se reúnen en el Estadio Nacional para ver el solitario gol de Leonardo Véliz que termina dándole el doceavo título a los colocolinos, acabando con la sequía de títulos que se mantuvo por siete años. Carlos Caszely se transforma por primera vez en goleador del fútbol chileno con 20 anotaciones.

16 DE DICIEMBRE – 2007 – UN CLÁSICO ABANDONADO

Colo-Colo estaba cegado en la lucha por el tetracampeonato de la Primera División de Chile. En las semifinales se produciría un nuevo Superclásico, atrayendo mucho público para ver el desenlace del torneo. En el duelo de ida, los albos se impusieron por 2-0 con goles de Gonzalo Fierro y Eduardo Rubio, por lo que ahora solo bastaba un empate para establecer a los albos como finalistas. En el partido de vuelta los dirigidos de Claudio Borghi nuevamente dominan las acciones y abren la cuenta por medio del uruguayo Gustavo Biscayzacú a los 52 minutos de juego. Colo-Colo se vuelca sobre la portería de Miguel Pinto y los azules buscan la manera de atacar también a los albos. Sin embargo, los fanáticos de la barra azul presienten que el final no será positivo para la U, por lo que comienzan a destrozar las galerías de la zona sur del Estadio Nacional. A los 67 minutos, el encuentro se suspende por falta de garantías, dejando clasificados a la final a los colocolinos.

17 DE DICIEMBRE – 2003 – UN INOCENTE SALUDO

Conocida es la animadversión de los hinchas de Cobreloa contra los colocolinos. Durante 2002 los albos habían roto una sequía de 22 años sin triunfos en Calama, por lo que los ánimos se volvían a encender cada vez que el equipo albo visitaba a los loínos. Esta vez se disputaba la final de ida del Torneo de Clausura 2003 y los colocolinos habían logrado un épico empate 2-2, con un gol de David Henríquez en el último suspiro. Tras el pitazo final, el capitán albo,

Marcelo Espina,—aburrido de los insultos de la parcialidad local—
saluda irónicamente a la tribuna oficial, desatando el enojo de los
jugadores locales que se abalanzaron sobre el Cabezón. Empujones,
patadas y varios golpes acompañaron al plantel del Cacique en su
tránsito a camarines del antiguo Estadio Municipal.

18 DE DICIEMBRE – 1991 – HUYENDO A CAMARINES

El calendario 1991 de Colo-Colo debió ser muy preciso debido a
los compromisos nacionales e internacionales que sostuvo el equipo.
A fines de año—pese a su amplio dominio en el torneo local— el viaje
a Japón, a la Intercontinental, provoca un severo desencuentro entre
las dirigencias de Colo-Colo y la ANFP, ya que, pese a las solicitudes
hechas por los albos, son conminados a jugar, casi inmediatamente,
luego del arribo al país. El Cacique debía viajar hasta Coquimbo
para medirse el miércoles 18 ante los locales, que seguían muy de
cerca a los albos en la tabla. Un empate bastaba para consagrar a los
colocolinos. En la cancha ambos equipos no se sacan diferencias y
finalizan un entretenido 0-0 ante más de 8000 espectadores. El empate
le da el título de Primera División 1991 a Colo-Colo, sin embargo,
el plantel huye rápidamente a camarines para evitar recibir el trofeo
fuera de casa, y obviamente en protesta por los problemas con la
ANFP. Aburridos por el mal rato, los dirigentes dejan la copa en las
afueras del camarín, brindando una postal insólita. El domingo 22 de
diciembre, los albos celebrarían en la cancha del Estadio Monumental
con una victoria 1-0 sobre Antofagasta con gol de Rubén Martínez.
Tras el partido, Eduardo Menichetti, presidente de Colo-Colo, ofrece
disculpas a la ANFP, ya que se amenaza a la plana dirigencial con el
desafuero.

19 DE DICIEMBRE – 1992 – NO DIGA TUNGA

Luego de una brillante temporada en Unión Española, Aníbal
González había llegado al Cacique buscando consagrar su gran
poderío goleador. En cierta medida lo logró, marcando 26 goles a
lo largo de la temporada, 15 de ellos en la liga. No obstante, eso aún
era insuficiente para desplazar de los primeros puestos de la tabla de
goleadores a Juan Carlos Almada (UC) y Carlos Gustavo de Luca
(O'Higgins). Sin embargo, el Tunga destroza los récords de sus rivales

en las últimas dos fechas, logrando marcarle cuatro tantos a Unión Española, el 12 de diciembre, en la goleada 5-3. En la última fecha, Colo-Colo aplasta al Palestino de Severino Vasconcelos con una goleada 6-0 en el Estadio Monumental, dejando para la estadística un sorprendente registro goleador de cinco tantos convertidos por Aníbal González, quien se consagra goleador del torneo con 24 goles. La prensa no se restó en titular: "No diga Tunga, diga gol".

20 DE DICIEMBRE – 2008 – LA COPA DE BARTI

En las huestes colocolinas aún dolía haber perdido el pentacampeonato a manos de Everton en el Apertura 2008, por eso, cuando se logró disputar la final del Torneo de Clausura 2008, todos los jugadores lo tomaron como una gran oportunidad de revancha. Marcelo Barticciotto dirigía ahora al equipo, logrando un buen desempeño con en la fase regular. La final de los *playoffs* era contra el Palestino de Luis Musrri —otrora figura de la U— por lo que el duelo en las bancas era un verdadero Superclásico. El primer partido de la serie no se había jugado en condiciones normales, ya que la cancha del Estadio Nacional estaba en pésimo estado a raíz del concierto de Madonna realizado en Santiago. El encuentro había finalizado 1-1 por lo que el resultado estaba aún abierto. El duelo de vuelta se juega en el Estadio Monumental con cerca de 45 000 personas. Lucas Barrios abre la cuenta para el Cacique, pero los árabes igualan rápidamente por medio de Luis Pavez. En la segunda etapa, Daúd Gazale y Rodrigo Millar sentencian el definitivo 3-1 (4-2 global) que consigue el nuevo campeonato para el Cacique y la primera estrella para Marcelo Barticciotto como director técnico.

21 DE DICIEMBRE – 1933 – LUZ EN EL CAMPO DE JUEGO

Había finalizado la primera temporada de fútbol profesional en Chile. Con aciertos y desaciertos se había desarrollado el primer torneo de Primera División, pero ahora los clubes y la asociación deben buscar mejorar los escenarios en su implementación, por lo que uno de los primeros proyectos es la iluminación artificial, que acompañara a los sombríos duelos invernales y permitiera duelos nocturnos en el caluroso verano, tal como lo perseguían clubes como Colo-Colo desde 1929. La primera reunión amistosa nocturna se juega el 21 de diciembre de 1933 en el Estadio Carabineros. En dicha ocasión Bádminton abre los juegos venciendo 1-0 a Colo-Colo, mientras que Unión Española vence 4-0 a Morning Star. La prensa consigna que más de 75 000 bujías impulsaron la luz que iluminaba en el césped del Fortín Mapocho.

21 DE DICIEMBRE – 1997 – GOLEADA PARA CELEBRAR

Universidad Católica había enredado puntos igualando 1-1 con Cobreloa en San Carlos de Apoquindo, quedando con solo 30 puntos en la tabla de posiciones, mientras que el Cacique se encumbraba en la cima con 32 unidades tras su reciente victoria sobre la casi descendida Unión Española. Por lo tanto, los albos se coronaban campeones por vigesimoprimera vez de la Primera División, cerrando con un esperado duelo frente a Deportes Temuco. El equipo de Gustavo Benítez comienza dando una simbólica vuelta olímpica en el Estadio Monumental y en la cancha no defrauda, dando cuenta por 4-0 sobre los albiverdes, con goles de Fernando Vergara, Héctor Tapia, Manuel Neira y José Luis Sierra.

22 DE DICIEMBRE – 1996 – LA DIMAYOR ES NUESTRA

Colo-Colo inicia, en 1994, el resurgimiento de su rama de básquetbol; tras ser campeones de la Asociación Santiago, se da una nueva etapa inscribiendo al representativo albo para la Dimayor 1995, máxima división cestera del país. En la primera temporada, el equipo cae en semifinales, pero en la temporada 1996 alcanza la final tras superar a Deportes Valdivia y Español de Talca en los clasificatorios. En el duelo final se enfrenta a Deportivo Pétrox de Talcahuano, cuatro veces campeón de la categoría. Los dirigidos de Carlos Álvarez logran una victoria 4-2 en la serie frente a los petroleros, quedándose con el título con un 113-104 en el último partido. Los nombres quedan en la historia: Chuck Jones, Carey Scurry, Mack Hilton, Aldo Carpo, Luis Alfredo Aliste, Saúl Guerra, Marcelo López, Cristian Poblete, Robert Lagos, Cristian Rojas, Leonardo Orellana y Julio Córdova.

22 DE DICIEMBRE – 2002 – CAMPEÓN EN LA QUIEBRA

Casi once meses habían pasado tras la declaración de quiebra del 23 de enero de 2002. Colo-Colo había tenido que rearmarse en tiempo récord y apostar a las promisorias figuras de su cantera para enfrentar el torneo local. En la primera parte del año, los albos tienen un muy buen rendimiento ganando la fase regular, pero cayendo en semifinales frente a un sorprendente Rangers de Talca. En el Torneo de Clausura los albos no pueden repetir la regularidad del inicio, sin embargo, pueden ingresar igualmente a los *playoffs*. Los albos dejan en el camino a Santiago Morning, Cobresal y Cobreloa para instalarse en la final ante Universidad Católica. En el duelo de ida los albos se imponen 2-0 en el Estadio Monumental, con anotaciones de Ignacio Quinteros y Marcelo Espina. La vuelta se realiza en el Estadio Nacional, hasta donde concurren más de 55 000 personas. A los albos les bastaba una igualdad sin goles para coronarse campeones, pero un tempranero gol de Pablo Lenci el daba la ventaja a los cruzados. Sin embargo, el Cacique reacciona por medio de Marcelo Espina, quien marca de penal. Ya en el segundo tiempo dos apariciones magistrales de Manuel Alejandro Neira decretan el 3-1 en favor de los albos. Albert Acevedo descuenta a los 90 para los universitarios, pero el resultado está consumado. Los albos son campeones increíblemente en el año de su quiebra.

23 DE DICIEMBRE – 1990 – CAMPEÓN PRIMERA DIVISIÓN 1990

Poco más de un año había pasado desde que Colo-Colo reinauguraba el Estadio Monumental. La nueva casa del Cacique ya había acogido su primer título en 1989, pero ahora el equipo había jugado íntegramente como local el torneo en Macul. Encumbrados en la parte alta de la tabla, los albos habían empatado en un polémico partido con Universidad Católica y en la fecha en curso los cruzados habían caído ante Cobresal, por lo que dejaban casi sentenciado el campeonato colocolino. Los albos enfrentarían a O'Higgins en el Estadio Monumental y como era de esperar no se dejó pasar la oportunidad. Rubén Espinoza (2) y Rubén Martínez anotarían el 3-0, las cifras que consagrarían la nueva estrella colocolina.

23 DE DICIEMBRE – 2006 – UN CONSUELO QUE NO BASTA

La irremediable pena de perder la final de Copa Sudamericana caló hondo en el plantel colocolino, como también en los hinchas. Sin embargo, a la historia de la temporada 2006 aún le restaba definir el campeón del Torneo de Clausura. Los albos dejan en el camino en los *playoffs* a Puerto Montt y Cobreloa, accediendo a la final ante Audax Italiano, un sorprendente cuadro floridano dirigido por Raúl Toro. En la ida los dirigidos de Claudio Borghi le propinan un 3-0 a los itálicos, donde destaca un espectacular tiro libre de Matías Fernández. El duelo de vuelta se debe jugar en el Estadio Nacional, llegando casi 60 000 personas. La cuenta la abre Carlos Villanueva para los itálicos, pero luego Humberto Suazo anota en dos ocasiones para marcar el 2-1. Luis Mena, con un furibundo disparo desde fuera del área, decreta el 3-1. Mientras tanto, Gustavo Paruolo descuenta para el definitivo 3-2. Los albos celebran el bicampeonato en un año singular para el equipo colocolino.

23 DE DICIEMBRE – 2007 – TETRACAMPEONES

En un hecho inédito en el fútbol chileno, Colo-Colo tenía la posibilidad de coronarse como tetracampeón. Si bien se había estado cerca de conseguirlo en 1992 y en 1997, ahora llegaba una oportunidad única. El Cacique realiza una gran temporada superando a O'Higgins y Universidad de Chile. En el duelo final, los albos debían medirse ante Universidad de Concepción, dirigida brillantemente por Marcelo Barticciotto. En Collao, una solitaria anotación de Gustavo Biscayzacú había dejado la primera opción en las huestes colocolinas. En el Estadio Monumental, Colo-Colo juega un duelo muy ordenado y vence 3-0 a los penquistas con los goles de Gonzalo Fierro, Gustavo Biscayzacú y Claudio Bieler. El título colocolino es celebrado ampliamente por los hinchas, que comienzan a soñar ahora con el pentacampeonato.

24 DE DICIEMBRE – 1961 – NOCHEBUENA EN QUILLOTA

Finalizaba el torneo 1961 y el Cacique seguía de cerca los pasos de Universidad de Chile y Universidad Católica, quienes se encontraban en los primeros puestos. Los colocolinos tenían un tranco arrollador y

llevaban cuatro partidos consecutivos marcando más de tres goles. El penúltimo duelo de la temporada se debe jugar en el Estadio Municipal de Quillota y hasta allá llegan los albos en medio de las celebraciones de Navidad. Los dirigidos de Hernán Carrasco rápidamente se ponen en ventaja con gol de Caupolicán Peña y luego con dos anotaciones de Francisco *Chamaco* Valdés, quien marca dos goles con diferencia de menos de un minuto cronometrado. La goleada la cierra el goleador Luis Hernán Álvarez, completando un 4-0. Los albos cierran su participación en Quillota y rápidamente emprenden el regreso a Santiago para reunirse con sus familias y celebrar la Nochebuena.

25 DE DICIEMBRE – 1932 – NAVIDAD LIMEÑA

El 17 de diciembre de 1932 llegó Colo-Colo a Lima para disputar una gira de un mes en la nación peruana. El equipo, aún sacudido por la tragedia del Estadio Italiano, buscaba en esta gira poder encontrar el fondo futbolístico de cara a la implantación del profesionalismo en Chile. Los albos habían debutado el 18 de diciembre con una caída 2-4 ante Universitario, por lo que estudiaban limpiar su imagen. El día de navidad llegaba la oportunidad, enfrentando al Atlético Chalaco en el Estadio Nacional limeño. Los albos vencen con comodidad al equipo limeño y le propinan una goleada de 7-0, con goles de Carlos Vidal (2), Eduardo Schneeberger (2), Guillermo Subiabre (2) y José Miguel Olguín. El trofeo en disputa, denominado Copa Chile, es donado por el embajador chileno en Perú, señor Manuel Rivas Vicuña.

26 DE DICIEMBRE – 1987 – UN LORO SIN AMARILLO

El Estadio Nacional repleto de gente, con más de 73 464 personas en sus aposentadurías, esperaba el inicio del clásico entre Colo-Colo y Universidad de Chile. En la previa, un duelo entre las ramas femeninas amenizaba el inicio del cotejo. Los colocolinos destacaban a su nueva adquisición, que había debutado una semana antes, el portero argentino José Daniel Morón, que con 28 años recién cumplidos llegaba a cuidar la estantería del Cacique. Albos y azules dan un buen espectáculo en la cancha de Ñuñoa y no se sacan mayores diferencias hasta que al minuto 58 aparece Arturo Jáuregui, el habilidoso volante colocolino logra penetrar la defensa universitaria y definir ante la salida de Nicolás Villamil. El estruendo del gol resuena y los dirigidos de Arturo Salah terminan el año de la mejor forma. El *Loro* Morón se transforma en una de las figuras del equipo, aunque todavía no usa su tradicional vestimenta amarilla, por ahora ese color no está disponible.

27 DE DICIEMBRE – 1925 – BATALLA EN SANTA LAURA

Colo-Colo y Unión Española animan un encendido amistoso en el Estadio Santa Laura, ante casi 10 000 personas, disputando la Copa Juan de Frutos. Los hispanos venían de ser campeones de la Copa Chile de Asociación Santiago, mientras que los albos eran los triunfadores de la Liga Metropolitana. Luis Contreras anota un doblete para el Cacique, desatando la alegría de la parcialidad colocolina, pero a su vez la cólera de los hispanos, quienes tras el segundo gol albo reclaman enardecidamente una supuesta mano sobre el árbitro Juan Francisco Jiménez. Juan Lapiedra, arquero de los rojos, decide no reanudar el juego. Algunos enfervorizados hinchas invaden la cancha, mientras en las tribunas se produce la destrucción de las aposentadurías, lo que solo se aplaca al llegar la policía. A pesar de la polémica, Colo-Colo continúa su invicto.

28 DE DICIEMBRE – 1963 – GOLEADA DE FIN DE AÑO

Deportes La Serena se había enfrentado a Colo-Colo en siete ocasiones: cuatro duelos en Copa Chile y tres en Primera División. Sin embargo, en la División de Honor los albos solo habían cosechado empates y derrotas, por lo que aún no se había podido celebrar ante los granates. La oportunidad de volver a medir fuerzas se presenta justo cuando el Cacique luchaba —palmo a palmo— con Universidad de Chile por el título. Hasta el Estadio Nacional llegan 72 651 personas, quienes disfrutan con atención del preliminar entre la U y Ferrobádminton (2-1). Albos y granates se miden en el campo de juego, los granates abren la cuenta a los 42 minutos de partido por medio de Juan Carvajal. Sin embargo, Colo-Colo da una increíble remontada a partir del minuto 67. Anotan sucesivamente Enrique Hormazábal, Francisco Valdés (3), Luis Hernán Álvarez (2) y Mario Moreno. Con un 7-1 en el marcador, los albos por fin vencen a los serenenses en Primera División, dando un paso gigante hacia el título.

29 DE DICIEMBRE – 2006 – EL MEJOR DE AMÉRICA

El diario *El País* de Uruguay hace entrega del galardón del 'Futbolista del año en Sudamérica'. La elección se realiza por medio de una votación de los principales cronistas deportivos de la región. Por quinta vez en la historia, un futbolista chileno obtiene el premio, que recae en Matías Fernández, mediocampista de Colo-Colo, quien tras su notable temporada resulta ganador del galardón. Matigol acumula 39 goles durante el año, siendo figura en el bicampeonato chileno y en el vice campeonato de Copa Sudamericana. El premio había sido ganado antes por Elías Figueroa (1974, 1975 y 1976) y Marcelo Salas (1997), pero era primera vez que un chileno lo hacía jugando por un equipo de la liga nacional, convirtiendo también a Colo-Colo en el primer cuadro chileno en aportar un ganador.

30 DE DICIEMBRE – 2011 – TRICAMPEONAS

El equipo de Colo-Colo femenino había logrado desde 2008 un gran ascenso en el rendimiento en los torneos locales. Esto se había materializado en 2010 consiguiendo el primer campeonato de Primera División del club y posteriormente consiguiendo el Torneo de Apertura 2011. Las albas tenían ahora la oportunidad de poder obtener el tricampeonato de la categoría. El rival es Everton de Viña del Mar, quien lucía un gran equipo. En el duelo de ida, jugado en Quintero, igualaron sin goles. En los pastos del Monumental se jugó la vuelta y las albas vencieron por 3-2, quedándose con el título del Torneo de Clausura 2011. Karen Araya, Jennifer Díaz y Yanara Aedo marcaron aquella tarde. Eso abrió además la clasificación para Copa Libertadores Femenina 2012, donde el equipo conquistaría su primer título internacional.

31 DE DICIEMBRE – 1935 – NACE MARIO MORENO

Dotado de un singular talento, la carrera de Mario Moreno Burgos partió muy temprano en las inferiores de Colo-Colo, donde se desarrolló como puntero. Su capacidad frente al arco fue notable, marcando 98 goles oficiales defendiendo la camiseta del Cacique. Sin lugar a dudas su apodo le hizo honor: Superclase. Vistió la camiseta alba por doce años de manera profesional, obteniendo los títulos nacionales de 1956, 1960 y 1963, así como la Copa Chile 1958. Siempre apegado a la defensa de los derechos de los jugadores, se convirtió en el primer secretario de actas de la Unión de Jugadores Profesionales de Fútbol (1960) y luego del Sindicato de Futbolistas Profesionales de Chile (1965).

FUENTES CONSULTADAS

—   Archivos de diarios: *La Nación, La Tercera, El Mercurio, Las Últimas Noticias, Ilustrado, La Época,Fortín Mapocho.*

—   Archivo de revistas: *Don Severo, Los Sports, Estadio, Gol y Gol, Deporte Total, Minuto 90, Análisis, APSI, Don Balón, Triunfo.*

—   Diarios y revistas institucionales: *El Cacique, Siempre Campeones, BNSA.*

—   Marín, E. (1988). *La historia de los campeones. 1933-1987.* Santiago, Chile.

—   Marín, E. y Salviat, J. (1974). *De David a Chamaco. Medio siglo de goles.* Santiago, Chile: Gabriela Mistral.

—   Pickett, A. (2014). *Leyenda hay una sola. La historia de Colo-Colo 1973.* Santiago, Chile: Cinco Ases.

—   Pickett, A. y Valenzuela, F. (2015). *Datos Albos. Efemérides de los 90 años de Colo-Colo 1925-2015.* Santiago, Chile: Cinco Ases.

—   Pickett, A. (2016). *Caciques: Lizardo Garrido, Raúl Ormeño y Jaime Pizarro.* Santiago, Chile: Planeta.

—   Salinas, S. (2004). *Por Empuje y Coraje. Los albos en la época amateur 1925-1933.* Santiago, Chile: CEDEP.

- Santa Cruz, E. (1991). *Crónica de un encuentro. Fútbol y cultura popular.* Santiago, Chile: Arcos.

- Urrutia, L. (2012). *Colo-Colo 1973: El equipo que retrasó el golpe.* Santiago, Chile: Ediciones B.

- Valenzuela, F. (2019). *Una historia monumental. La desconocida historia del estadio del Cacique.* Santiago, Chile.

SOBRE EL AUTOR

Fabián Andrés Valenzuela Gallardo nació en la ciudad de Cañete en 1988, de profesión Ingeniero Civil en Informática (UBB). Desde temprana edad desarrolló gusto por las comunicaciones y la información, lo que complementó con su fanatismo por el fútbol. Es hincha y socio de Colo-Colo.

Desde hace varios años ha desarrollado labores de investigación y recopilación histórica del fútbol chileno, donde busca compilar específicamente aspectos relevantes en la historia de Colo-Colo.

Ha publicado: "Datos Albos" (2015), "Una Historia Monumental" (2019) y "Colo-Colo. 365 historias" (2022).